「自立活動」の授業づくり

指導課題・教材開発・指導案づくり

発達障害・
知的障害

新井 英靖 編著

茨城大学教育学部附属特別支援学校 著

明治図書

は じ め に

　特別支援教育を担当する教師が専門性を発揮する場面の一つとして，自立活動の指導があります。それは，障害のある子どもたちが，特別支援学級や特別支援学校という特別な場で教育を受ける際に，自立活動の指導が通常の学級では受けることのできないものだからであり，この指導を通して子どもたちが生活をより豊かに過ごしていくことができる取り組みだからです。

　そうしたなかで，これまで特別支援教育では，障害種別に自立活動の内容と方法が確立してきました。たとえば，視覚障害のある子に対しては点字や歩行の指導，聴覚障害のある子に対しては聞こえと言葉（発音）の指導など，古くは100年にも及ぶ研究と実践の歴史があります。しかし，知的障害や発達障害のある子の自立活動については，まだ十分な蓄積がありません。それは，知的障害や発達障害のある子は，そもそも認知や言語の遅れが主たる障害であり，そうした側面の指導は各教科において体系的に指導する必要があることや，生活単元学習などの教科等を合わせた指導のなかで体験的・経験的に指導することが有効であると考えられてきたからです。

　一方で，特別支援教育では，障害の多様化や重複化への対応も大きな課題となり，自立活動も多様な障害特性に対応するべく変化してきました。たとえば，平成21年の学習指導要領改訂のときに自閉症の社会性の困難に対して「人間関係の形成」に関する項目が新設されたり，平成30年度の改訂で，発達障害に対する障害の自己理解を取り上げる必要性が指摘されるなど，新しい指導項目が加えられてきました。

　よく考えてみれば，知的障害や発達障害による学習上又は生活上の困難は，人間関係やコミュニケーションのみならず，情緒の不安定や不器用など，多岐にわたります。認知のゆがみなどについても，視覚や聴覚の入力の困難さから生じているものもあり，知的障害や発達障害のある子に対する自立活動の指導項目は多岐にわたることが考えられます。こうしたことをふまえると，知的障害や発達障害のある子の自立活動の指導は，「環境の把握」や「身体の動き」などを含めて，自立活動のすべての項目をカバーするように，総合的に検討することが必要だと考えます。

　本書は，以上のような昨今の実践課題をふまえて，知的障害や発達障害のある子に対し，総合的な見地に立って自立活動を実践できるようにすることをめざし，編集されたものです。具体的には，『特別支援学校学習指導要領解説自立活動編』に

掲載されている知的障害と発達障害に関する指導課題と実践例を抜き出し，整理して示しました。そのうえで，学習指導要領に記載されている自立活動の目標を達成するための具体的な実践例を示しました。

　また，学校現場では，一人の教員が複数の児童生徒を指導することのほうが多いのが現状です。そのため，個々に異なる障害特性や学習困難を有していても，自立活動の指導は複数の指導課題をもつ児童生徒が含まれるグループで行うことが求められます。こうした実態をふまえて，本書では第4章に複数の子どもを一つのグループで自立活動の指導をすることを想定した学習指導案を掲載しました。ここでは，同じ障害の子どもが何人かいるグループで自立活動の指導を行った場合と，異なる障害特性の子どもを一つのグループで指導した場合の学習指導案を掲載しました。各学校で実際に指導する際に，こうした学習指導案を参考にしていただければと思います。

　現行の学習指導要領はインクルーシブ教育の推進を念頭におき，教科等を合わせた指導から教科学習中心の教育課程にシフトしました。こうしたなかで，自立活動は教科学習において他の子どもと共同的に学ぶための基盤を形成することにもつながる重要な指導です。これは，国語や算数・数学といった認識教科のみならず，美術や音楽，体育などの教科も含み，様々な学習活動の基盤を形成することが求められることを意味します。そのため，自立活動においても，認知面の困難のみならず，感覚や運動，情緒といったあらゆる領域をカバーすることが求められます。

　本書はこうした特別支援教育の新しい状況に対応するべく，知的障害や発達障害のある子の自立活動を総合的に計画し，実践するための情報と実践例を整理してまとめたものです。本書が日々，障害のある子どもたちのよりよい生活を創出しようと考えている先生方の参考書となれば幸いです。

2022年3月

編著者　新井 英靖

CONTENTS

第4章
知的障害・発達障害のある子への
自立活動の学習指導案づくり

― column ―

― 資料 ―

第1章

知的障害・発達障害のある子への
自立活動の必要性

1 知的障害・発達障害のある子の学習上又は生活上の困難とその改善・克服

1 障害特性をふまえた自立活動の指導

　自立活動は特別支援学校の学習指導要領にのみ設定されている領域です。そのため，特別支援教育を受けている子どもにだけ実施する，いわば特別支援教育の専門性がもっとも必要な実践であると言えます。

　はじめに，「自立活動」という領域が特別支援教育の教育課程に用意されている理由について考えていきましょう。そもそも学校教育は，発達の段階に即して教材を選定し，それらを順序よく配列し，教育することで人間として調和のとれた人へと成長させることを目的としています。一般的には，教科学習を中心に，子どもの発達の状態に即して系統的・段階的に内容が用意され，指導できるようになっています。しかし，障害のある幼児児童生徒は，その障害によって，各教科等において育まれる資質・能力の育成につまずきが生じやすく，一般の小・中学校等の子どもたちと同じように教育することが難しいことがあります。こうした子どもたちには，教科等の指導を行うことを阻害している困難を改善し，克服することが必要です。特別支援教育の教育課程では，こうした理由から，障害のある子どもに，自立活動を行うことができるようになっています。

　特別支援学校の学習指導要領では，自立活動は「障害による学習上又は生活上の困難を改善・克服する」ことを目的としています。学習指導要領には，「小・中学校等と同様の各教科等に加えて，特に自立活動の領域を設定し，それらを指導することによって，幼児児童生徒の人間として調和のとれた育成を目指す」と記載されています（『特別支援学校学習指導要領解説自立活動編』：以下『解説自立活動編』，p.21）。これは，発達を促していくための「各教科等」の指導をするための基盤となる能力等が，障害によってうまく機能していない点にアプローチして，障害のある子どもの発達促進を下支えする役割を担っているという意味です。

2 二つの側面から自立活動を実践する

　自立活動の指導は，大きく二つに分けて考えます。一つは，各教科等の指導の際に障害特性に配慮することや，休み時間や給食の指導において障害に配慮し，支援することが挙げられます。これを「教育活動全体を通じて行う自立活動」と呼びます。もう一つは時間割に「自立活

動の時間」を設けて授業として行うものがあり，これを「時間における自立活動」と呼んでいます。

　基本的に特別支援学校や特別支援学級に在籍する児童生徒は，（程度の大小はあれども）ほとんどの子どもが「障害にもとづく学習上又は生活上の困難」を有していると考えられますので，自立活動が必要であると思われます。たとえば，肢体不自由のある子どもに対して「身体の動き」に関する配

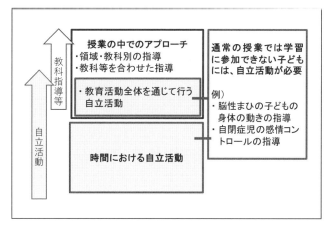

図 I-1　自立活動の種類と構造

慮をすることは当然のことですが，肢体不自由児のなかにも，見え方に障害があったり，聴覚に障害のある子どもはいます。こうした子どもには，視覚や聴覚に対する配慮や支援が必要です。このように考えると，主たる障害に対する配慮や支援をすることだけが自立活動なのではなく，子どもの学習上又は生活上の困難を多面的にみつめて配慮や支援を計画していくことが自立活動では重要です。

3　自立活動の六つの柱

　自立活動は，特別支援教育を受けているすべての子どもの障害を想定しています。そのため，知的障害だけではなく，視覚障害や聴覚障害，肢体不自由，病弱など，特別支援教育の対象となっている子どものあらゆる障害にもとづく困難を改善・克服することができるように内容が考えられています。

　具体的には，自立活動は六つの柱（「1　健康の保持」「2　心理的な安定」「3　人間関係の形成」「4　環境の把握」「5　身体の動き」「6　コミュニケーション」）を中心に指導していきます。学習指導要領では，この六つの柱を27項目に区分して細かく指導内容が記載されています。本書では，第3章で各項目について指導のポイントを解説していきます。

　なお，平成30年に改訂された特別支援学校学習指導要領では，「1　健康の保持」の下位項目として，「(4) 障害の特性の理解と生活環境の調整」が新設されました。また，「4　環境の把握」の下位項目にあった (2) と (4) の項目が改訂されました。これは，発達障害児の学習困難などを意識して，障害を自己理解し，自ら困難を回避したり，支援を求めたりすることが必要であると考えられるようになったことから新設・改訂されました。

2 自立活動における「主体的・対話的で深い学び」

1 自立活動の授業でも「主体的・対話的に学ぶ」

「障害による学習上又は生活上の困難」を改善・克服することが自立活動の主たるねらいですが，これは苦手なことを訓練するかのように指導するという意味ではありません。この指導は，かつて「養護・訓練」という名称で行われていましたが，障害児者支援の国際的潮流が「自立と社会参加」を目指すことへと変化したことにより，1999（平成11）年に改訂された学習指導要領で「自立活動」という名称に改訂された経緯があります。

その後，2016（平成28）年に「障害者差別解消法」が施行され，「合理的配慮」を提供することが義務化されました。また，2017（平成29）年に特別支援学校学習指導要領が改訂され，育成を目指す資質・能力を明確にし，「主体的・対話的で深い学び」を実現することが目指されました。自立活動の実践もこうした社会の変化に影響を受けて，少しずつ変化してきています。

すなわち，「合理的配慮」の提供という点では，学校や生活の中で，一人ひとりの障害特性に応じた配慮や支援を提供することが求められています。その一方で，授業づくりでは，たとえ苦手なこと（困難）を克服するための取り組みであったとしても，「主体的・対話的で深い学び」となるように，楽しく学習する授業づくりが求められています。

2 「時間における自立活動」は授業である

上記の「合理的配慮」の提供と，「主体的・対話的で深い学び」を実現する授業づくりの両面をふまえて自立活動を展開するには，次のような整理が必要になります。

すなわち，各教科・領域等の授業に参加したり，学校生活を困難なく過ごすことができるように，「障害特性に応じた配慮や支援」を提供することが「教育活動全体を通じた自立活動」です。これは，障害者差別解消法の視点から見れば，学校教育における「合理的配慮」を提供していることになると考えられます。

一方で，そうした日常的な配慮や支援を提供するだけでは，障害による学習上又は生活上の困難を改善・克服することが難しい子どももいます。こうした困難に対しては，学校生活全般において，「配慮や支援」を提供しますが，もっと根本的に自立活動という授業を用意して学

習上又は生活上の困難を改善したり，克服したりする指導が必要となります。そして，この指導は「授業」として実施しますので，現在の学習指導要領で示されている授業づくりの基本コンセプトである「主体的・対話的で深い学び」を実現することが求められます。

このように，自立活動は，各教科のねらいを達成するために配慮や支援を提供するものなのか，障害特性による困難を軽減することそのものをねらいにする「授業」を実施するのかという点を整理して考えることが必要です。

3 自立活動でも「深い学び」につながる授業過程をつくりだす

以上の点をふまえると，「時間における自立活動」の指導では，各教科の授業づくりと同様に，「魅力的な教材」を選定し，子どもたちが「みんなで，わいわいと」学習することができる授業を考えなければなりません。つまり，嫌々学ぶのではなく，その時間を楽しみにするような活動を用意し，そのなかで，周囲の友達の活動やふるまいを参考にして（対話的に），自立活動のねらいを達成できるように授業を進めていくことが重要です。

たとえば，「勝敗にこだわりのある自閉症児」への「人間関係の形成」の指導であれば，「たとえ負けてもみんなで活動できた方がよい」といった「考え方」や「態度」が身に付くように，授業のなかで「負けそうになる場面」があったときには，「こうした気持ちになったときにどのように考えればよいか」をていねいに，繰り返し，働きかけていくことが自立活動の指導です。このとき，対象となる自閉症児が「とても勝ちたい」と強く思うような活動を取り上げるのではなく，たいした「こだわり」になっていない活動から始めると，子どもはスムーズに学習に参加できる可能性があります。

このように，自立活動の授業づくりでは，改善・克服したい困難をそのまま取り上げて指導するのではなく，楽しい活動のなかで学習上又は生活上の困難を改善・克服していくことができるように授業を設計することが求められます。

自立に向けた課題をそのまま指導しない
自立を妨げている背景や要因を考え，それを改善することにより，自立（発達）が促進されていくように指導を展開することが自立活動である。

楽しい活動のなかで困難を改善する
苦手なことを指導課題にするのが自立活動であるが，子どもにとっては楽しい活動で課題に取り組むことが重要である。楽しく活動していたら，いつの間にか苦手なことが克服できていたというように指導を展開する。

図 I -2　自立活動の授業づくりの際の留意点

3 自立活動における 単元計画・授業づくりのポイント

1 年間を通して「資質・能力」を指導する

　自立活動で目標にして指導することは，大まかに言えば「人間関係の形成（例：他者とのかかわりの基礎）」とか，「コミュニケーション（例：状況に応じたコミュニケーション）」というように，様々な場所や時間に汎用的に活用できる能力です。これは，障害によって生じる困難でもありますが，別のとらえかたをすれば，学習するときや，生活するときに必要な基本的な「資質・能力」であるとも言えます。

　自立活動は障害のある子ども（特別支援を必要とする子ども）に対して行うものですので，障害特性を意識して指導することは必須の条件ですが，そうした条件をふまえると，たった数回（あるいは数か月）の授業で簡単に改善・克服できるものばかりではありません。そのため，自立活動で「ねらい（目標）」とする柱（「人間関係の形成」や「コミュニケーション」）については，長期にわたって指導することが必要です。

　以上のことから，自立活動の年間指導計画では，学期を通して（場合によっては年間通して）同じような「ねらい（目標）」が設定されることがあります。もちろん，「人を意識してかかわることができる」といった「人間関係の形成」に関するねらい（目標）を1年間かけて取り組む計画を立てたとしても，同じ教材でずっと同じ活動を繰り返さなければならないというわけではありません。

　たとえば，1学期は新しいクラスのメンバーを意識して活動できるように「ムーブメント（身体的やりとり）遊び」を行い，2学期は人を意識して，気持ちを伝えるゲームに移行していくというように，教材を変化させて少しずつ目標としている困難の改善・克服を実現していくことが必要です。もちろん，一つの教材（たとえば，「ムーブメント（身体的やりとり）遊び」）でも，1学期ずっ

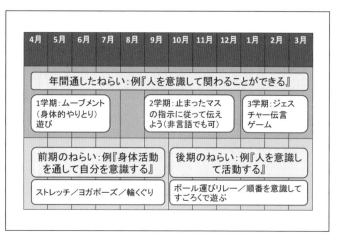

図Ⅰ-3　自立活動の年間指導計画と教材

と同じ活動を続けるのではなく，友達を意識できるようになってきたら，少しずつ人間関係を複雑にする運動を取り入れるなど，徐々に発展させていくことが重要です。

2　グループで学び合う自立活動の展開

　自立活動は一人ひとりの障害特性をとらえ，生じている学習上又は生活上の困難を改善・克服することをねらって行う指導ですので，基本的には一人ひとりの課題があります。しかし，特別支援学校や特別支援学級で自立活動の指導を行う場合には，子どもの人数だけ先生がいるわけではありませんので，いつでも1対1の指導場面をつくることができるわけではありません。むしろ，学校の事情により，集団で自立活動の授業を実施することも多くあります。

　このとき，同じような課題の子どもを集めて学習グループが編成できれば，「ねらい（目標）」にそった教材を考えることができます。たとえば，「状況に応じたコミュニケーション」を課題とする子どもが五人くらいでグループをつくることができれば，状況の変化をみてみんなで話し合ってクリアするゲームに取り組むなどの自立活動の授業を展開することができます。しかし，必ずしも同じ課題の子どもたちでグループが編成できないときには，「能力別」あるいは「学年別」のグループ編成も考える必要があります。

　たとえば，特別支援学校の高等部などでは，コース制を採用していて，多くの学習集団が均質な知的能力の生徒で構成されている学校もあります。こうした場合には，自立活動の指導も「言語力」などである程度同じような生徒を集めて指導することが効果的だと考えます。

　一方で，人数の少ない特別支援学校や特別支援学級では，自立活動の集団を学年別に編成するしかできない場合もあるでしょう。こうした場合には，みんなで共通して楽しめる教材を用意して，そのなかで自立活動の課題を設定し，授業を展開します。この場合には，教材の選定がとても重要になるとともに，一人ひとりの困難を改善・克服するための指導（教師の働きかけ）を詳しく検討し，授業展開の中で意図的に指導していくことが必要です。

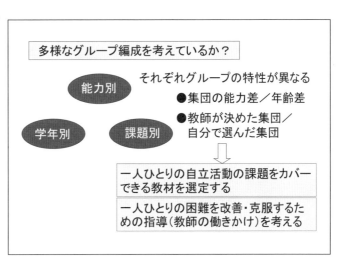

図Ⅰ-4　自立活動のグループ編成のポイント

知的障害・発達障害のある子への
自立活動の指導項目は？

1　自立活動の指導項目はすべての障害種を対象にしている

　特別支援学校の学習指導要領に示されている自立活動の指導項目（六つの柱／27項目）は，視覚障害児や聴覚障害児，病弱児など特別支援学校に通っているあらゆる障害種を対象としています。そのため，なかには知的障害児や発達障害児に対する項目としては不要なものも記載されています。これは，一人の障害児がすべての指導項目を網羅的に習得できるよう指導する必要はないということを示しています。

　自立活動は，その子どもの障害によって生じる学習上又は生活上の困難を改善・克服することを目的とした指導ですので，もともと学習指導要領に記載されている項目から子どもに必要なものを選択することが想定されています。自立活動の全般的な項目に困難があると考えられる子どもでも，中心となる指導課題を抽出し，いくつかの項目を意図的に指導していくことが必要です。

2　知的障害・発達障害を想定した項目を整理する

　『解説自立活動編』には，自立活動で指導課題となる六つの柱・27項目について詳細に解説されています。具体的には，一つひとつ項目を概括的に解説したあと，「視覚障害のある幼児児童生徒の場合…」などというように，この項目が各障害による困難とどのように関連していて，どのような指導が必要であるのかを説明しています。

　一つひとつの項目を詳細にみていくと，「知的障害」「発達障害」「LD」「ADHD」「自閉症」について解説している箇所があり，学習指導要領としては，これが知的障害児・発達障害児に対する自立活動の指導項目ということになります。逆に言えば，この部分に知的障害児・発達障害児に対する自立活動の内容や方法が記載されていない項目については，学習指導要領においては指導することを想定していないものであると考えられます。

　本書では，第3章において知的障害児・発達障害児に対する自立活動の内容と方法を整理していきますが，そこでは学習指導要領に知的障害児・発達障害児を想定している項目を中心にまとめていきます。自立活動の主旨と，各障害の特性をふまえて，どのような自立活動を展開していくことが必要であるのかを考える参考にしていただければと思います。

第 2 章

知的障害・発達障害のある子への
自立活動の
授業づくり

1 障害による学習上又は生活上の 困難のとらえ方 〜実態把握〜

1 実態把握＝自立活動の課題を抽出するための情報収集

　それでは，自立活動の指導課題を導き出し，実践を展開するまでのプロセスについてみていきましょう。まず，実態を把握して，必要な情報収集をすることが必要となります。『解説自立活動編』に記載されている実態把握の手続きを整理すると，次のようになります（表Ⅱ-1）。

表Ⅱ-1　自立活動の実態把握の手順（特別支援学校小学部5年生：自閉症・男児）

Step	実態把握の手順	具体例
1	障害の状態，発達や経験の程度，興味・関心，学習や生活の中で見られる長所やよさ，課題等について情報を収集する。	ものごとを字句通りに受け取り，人とうまく関係を築くことが苦手 (1) である。細部を細かくとらえる力があり，絵はとても上手であるが，予定通りに進まないと不安になり，参加できない活動が多い (2)。
2-1	Step 1 で収集した情報を自立活動の区分に即して整理する。	下線 (1) ⇒「3　人間関係の形成 (2) 他者の意図や感情の理解に関すること」 下線 (2) ⇒「2　心理的な安定 (2) 状況の理解と変化への対応に関すること」
2-2	Step 1 で収集した情報を学習上又は生活上の困難や，これまでの学習状況の視点から整理する。	下線 (1) ⇒言葉や表情，身振りなどを総合的に判断して相手の思いや感情を読み取り，それに応じて行動することが難しい。（『解説自立活動編』p.69参照） 下線 (2) ⇒急な予定変更が苦手で，先の予定がわからなくなると，毎日のように不安になり，自分の頭を叩くなどして混乱している。（『解説自立活動編』p.63参照）
2-3	Step 1 で収集した情報を〇年後の姿の観点から整理する。	興味のあることは多くあるので，中学部に進学する頃までに，多少，予定を変更しても，活動に参加して学習・生活を楽しめるようになってほしい。

（『解説自立活動編』pp.164-167より抜粋し，筆者がまとめた。
　具体例については筆者が実態把握の手順に即して自閉症児を例にして示した。）

以上のように，学校や家庭における学習場面や日常生活場面のなかで，子どもが困難を示している様子を取り上げ，自立活動の課題を明確にしていくことが実態把握の主なねらいです。ただし，単に「嫌いなことができるようになる」というのではなく，その困難の背景に「障害」が影響しているという点に注目することが自立活動では重要です。

2 実態把握から自立活動の課題を抽出する

　前のページの表のように，障害による学習上又は生活上の困難が明確になったら，次のステップでは，自立活動で取り上げるべき課題を抽出することへ移ります。このとき，すべての困難を取り除こうと考えるのではなく，困難が生じている背景や根本的な要因をとらえて，そこにアプローチするように課題を設定することが大切です。

　たとえば，前のページの表で例示した自閉症児（小学部5年生）は，不安が強くなり，学習活動に参加できなくなる困難の背景に「字句通りに受け取ってしまう」といった「他者の意図を理解すること」の困難があると推察できます。そのため，自立活動では，「不安を軽減する」ことをねらった「心理的な安定」に取り組むとともに，「他者の意図を理解する」学習が必要であると考えます（下表のStep 3参照）。

　この二つの課題の関係を考えると，この自閉症児は，結局のところ状況が理解できなくなると，不安になり，パニックを起こしているので，自立活動の中心的な課題を「他者の意図を理解すること」とし，「時間における自立活動」で意図的かつ継続的に指導していくことが効果的だと考えます（表Ⅱ-2のStep 4参照）。

表Ⅱ-2　自立活動の中心的な課題を抽出する手順（特別支援学校小学部5年生：自閉症・男児）

Step	課題を抽出する手順	具体例
3	前ページの表で整理した情報から課題を抽出する。	(1) 様々な情報を総合して，他者が伝えようとしていることを理解することができる。 (2) 予定が変更されたり，本人の予測していたことと違う状況に直面しても，自分の気持ちを自己調整することができる。
4	Step 3で整理した課題同士がどのように関連しているかを整理し，中心的な課題を導き出す。	他者の意図がわからないなかで不安になることが多いので，「時間における自立活動」では，(1) の課題を中心に取り上げる。一方，教育活動全体を通じて，予定が変更になるときに予告をし，気持ちをコントロールする指導（自立活動）を実施する。

（『解説自立活動編』pp.164-167より抜粋し，筆者がまとめた。）

② 自立活動の教材選定の方法

1 自立活動の課題をそのまま指導しない

　自立活動で指導すべき中心的な課題が明確になったら，次は実践に移ります。このとき，「教育活動全体を通じて行う自立活動」については，それぞれの学習場面で用意されている教材や活動に参加することができるように，「配慮」や「支援（手立て）」を加えていくことになります。そのため，自立活動で独自に教材を用意しなければならないということではなく，また，自立活動の学習指導案を立案するということも必ずしも必要ではありません。これはちょうど障害者支援の一般的な方法である「合理的配慮」を，学校の学習活動のなかで提供していくことと似ています。

　一方，「時間における自立活動」は，授業を実施するなかで子どもの障害による困難を改善・克服することになるので，自立活動の「教材」を選定し，「学習指導案」を書く必要があります。このとき，自立活動の授業づくりにおいて留意すべき点は，「自立活動の課題をそのまま指導しないという点です。

　たとえば，前節で例に挙げた「他者の意図理解」が課題の自閉症児に対して，ある動画を見せて，「この人は今，何を考えているでしょう」といった指導を繰り返すだけで，人間関係が形成できるようになるものではありません。こうした対症療法的な指導を繰り返すのではなく，人間関係の形成を促していくのであれば，人間関係が発展する学習活動を用意することが必要です。

　具体的に，「片方の人が落としたものを，もう片方の人が両手でそれをつかむ」という活動で考えてみましょう。これは，相手がものを手から離すタイミングを察知できないと成功することが難しい活動です。これをゲームのようにアレンジして，「手からものを離すときには声を出してはいけません」というルールを設けるとしたら，受け取る側の子ど

図Ⅱ-1　人間関係を形成する学習活動

もは相手のしぐさをよくみないといけなくなります。離すほうも，声を出す代わりに，目や顔を使って何とか合図を送ろうとするかもしれません。

　こうしたゲームのなかで，視線や表情をもとにして，相手の意図をつかむ力を身に付けていくことが自立活動の授業です。そもそも，視線や表情というものは，言葉が発達する以前に発達するものです。そのため，障害によって生じている困難でありながら，乳幼児期の人間関係の発達をていねいにたどる学習活動を自立活動の時間に実践することは，こうした困難を抱える子どもたちにとってはとても有効な学習となります。

2　楽しく学べる学習活動のなかに自立活動の課題を埋め込む

　以上のように，楽しく学習活動に参加するなかで，自立活動のねらいを達成することが求められます。これはアクティブ・ラーニングの教科学習でも同じですが，自立活動の授業では，子どもたちにとっては「楽しく学んでいたら，知らないうちに（自立活動の）力が身に付いていた」というように進めていくことが大切です。

　たとえば，「手遊び」を自立活動で行うのであれば，歌に合わせて身体を動かす楽しさを学ぶ音楽とは違い，「相手が手を出したところに，自分の手をもっていく（タイミングを合わせる）」ことをねらいにした活動が考えられます。こうした「他者の意図」や「他者の気持ち」を推察しながら取り組む活動は，キャッチボールなどのボール遊びでもできます。ボール遊びを自立活動で取り入れるならば，「相手を意識して運ばないとボールが落ちてしまう」ようなボール運びゲームでもよいでしょう。この活動では，自分の動きを相手の動きに合わせるなど，お互いが自身の行動を調整しながら行動することが求められます。

　もちろん，身体を動かすことだけが他者の意図を理解する力を育てる活動ではありません。たとえば，スリーヒントクイズなどは，相手がイメージしているものを推測する学習になります。なかには，一つ目のヒントでわかる問題しか考えられない子どももいるでしょう。こうしたクイズのなかで，相手が想像しているものがわかったときに，他者とつながる楽しさを味わうことが他者の意図理解の基礎になると考えます。

図Ⅱ-2　楽しい活動のなかに自立活動の課題を埋め込む

③ 自立活動の授業展開と 指導上の留意点

1 一人ひとりの指導課題を集団で取り組む

　ここまで解説してきた自立活動の指導は，個々の子どもの障害特性をとらえて課題を抽出し（実態把握⇒指導課題の明確化），その課題（困難）を改善・克服する教材（学習活動）を用意するというものでした。子ども一人に対して先生が一人ついて指導する自立活動であれば，この手順通りに実践していけばよいということになりますが，多くの特別支援学校や特別支援学級では，こうした指導条件をつくることができないほうが多いでしょう。

　また，仮に１対１の指導体制をつくることができたとしても，指導課題によっては小集団で指導したほうが効果的なこともあります。たとえば，他者の意図を理解することをねらいにした自立活動の授業では，クラスにいる大人の意図を理解しようとすることばかりでなく，同じような課題の子どもの意図や気持ちを推察する機会があったほうが，より実際的な生活や学習に活用していくことができると考えます。

　このような点をふまえると，自立活動の授業を行う場合には，多少，異なる指導課題の子どもたちを一つの集団で指導していく方法を考えなければなりません。こうした実践課題に対応するには，「幅のある教材」を用意し，その中で「多様な指導課題」を設定していくことが求められます。

　たとえば，三人の別々の課題が抽出された子どもの集団であっても，「ボール運びゲーム」という活動であれば，右図のように個々の指導課題を一つの学習活動のなかに組み入れることができます。このように，学習活動はみんなで取り組み，徐々に課題を難しくしていくように計画するとともに，そのなかで子どもたち一人ひとりには，それぞれの自立活動の課題をクリアできるように指導していくことが求められます。

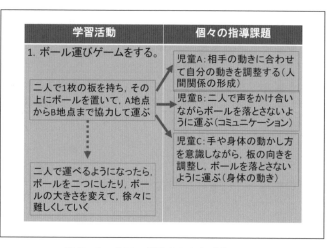

図Ⅱ-3　集団で指導する自立活動の展開

2 自立活動の時間における「指導上の留意点」

　通常，子どもは目の前に楽しい学習活動があったら，それに夢中になって取り組みます。これが主体的・対話的な学びには不可欠のことですので，自立活動の授業においても，楽しく授業を展開しなければなりません。しかし，そうなると，子どもはどんなにこの授業のめあてを確認しても，夢中になって取り組むなかでは，そうしたことを忘れてしまいます。

　そこで，教師のかかわりが大切になってきます。たとえば，児童Aと児童Cが二人組になってボール運びゲームを行っているときに，周囲の子どもたちは「がんばれ！」と応援しているなかで，教師はそれぞれの子どもの課題をふまえた声かけ（指導）を行わなければなりません。具体的には，児童Aに対しては，「C君のスピードに合わせて動くのよ！」という声かけになるでしょうし，児童Cに対しては，「板がまっすぐになっているかを確かめながら，ボールを運んでね」という声かけになるでしょう。

　このように，子どもの課題にそって，教師が意図的に声をかけたり働きかけたりすることは，指導上の留意点に記載します。特に，自立活動の課題が異なる子どもが数人いるグループを自立活動で指導する場合には，学習活動の流れにそって，個々にどのように声をかけ，働きかけるかを考えることが重要になります。具体的な記載のしかたを以下の表に例示しましたので，参照してください。

表Ⅱ-3　学習指導案の学習活動と指導上の留意点

学習活動	指導上の留意点
1　ボール運びゲームをする ・二人で板を持ってボールを運ぶ。 ・スタート地点から運び，カラーコーンを回って戻ってくるまでの時間を計る。 ・○○チーム（児童A・C）と△△チーム（児童B・D）で対決する。	・児童Aには，ボールを運ぶ活動に入る前に，自分のペースで動くのではなく，児童Cのスピードに合わせて運ぶことを確認する。 ・児童Cには，運んでいるときに板が傾きはじめたら，「板がまっすぐになるように運ぶ」ことを伝える。
2　ボールを運べるようになったら，ボールを変えて2回目・3回目の対決をする ・転がりやすい小さなボールを運ぶ（2回目）。 ・大小二つのボールを運ぶ（3回目）。	・ボールが変わるとどのように変化するかを確かめるために，レース対決をする前に各チームで練習する時間をつくる。

4 自立活動の学習評価と授業改善

1 自立活動で身に付いた力を評価する方法

　授業を設計して，意図的に指導した結果は，学習評価をすることができます。これは，自立活動に限ったことではなく，各教科の授業をはじめ，すべての教育活動において言えることです。このとき，1回ごとの授業で評価すること（できること）と，単元あるいは学期を通して評価すること（できること）に分けて考えていくことが必要です。

　たとえば，「人間関係の形成」に関する項目のなかで，「他者の意図を理解すること」を指導課題にして，自立活動の授業を実施したとします。この学習で最後に到達すべきことは，「他者の意図を理解することができる」という点です。しかし，これは障害特性によって生じている困難ですので，たった1回の授業でできるようになることではありません。もしかしたら，1学期通して取り組んだとしても，「少しはできるようになったようにみえるけど，まだ…」という状況が続いていることのほうが多いと考えられます。

　こうした評価の難しさは，自立活動の授業においてより顕著であると考えます。すなわち，各教科の指導では，身に付けたい資質・能力を細分化して示すことができれば，1学期のうちに「○○ができるようになった」と評価でき，2学期には次の課題に取り組む予定であるというように学習を進めていくことができます（たとえば，「3までの数を数える」ことができたら，「3を合成・分解する」など）。

　これは，各教科の指導が「発達の系統性」に即した内容を配列することができるので，内容をスモールステップにしていけば，学期ごとに課題を少しずつ高次化していくことは可能であるという意味です。ところが，自立活動では，障害によって生じる困難を取り上げていますので，その困難を取り除くための細かいステップを明確に示すことが難しくなります。

　そこで，自立活動では，「育成したい資質・能力（障害特性によって生じている困難を改善・克服するための力）」の評価と，「その授業のなかで『ねらい（目標）』にしていたことが行動レベルでできたのかどうか」に関する評価に分けて考えることが必要です。これは，評価論として整理すると，育成したい資質・能力を評価する「規準」と，その授業の中で課題ができたかどうかを評価するための「基準」に分けて考えるということです。

2 評価基準にそって学習状況を評価する

　本書（第4章）で紹介している学習指導案では，学習評価については，本時の授業に対する子どもの学習成果を記述するようにしました。具体的には，学習指導案に以下のように評価基準を記載し（表Ⅱ-4），それに沿って「授業時の評価」を記載しました（表Ⅱ-5）。そして，その評価をもとに，次の授業でどのようにかかわるかというミクロな授業改善と，次の単元で指導すべき課題を導いていくといったマクロなレベルの授業改善を繰り返していくことになります。

表Ⅱ-4　学習指導案の評価基準の記載例（児童Aについて）

学習活動	指導上の留意点
1　ボール運びゲームをする ・二人で板を持ってボールを運ぶ。 ・スタート地点から運び，カラーコーンを回って戻ってくるまでの時間を計る。 ・○○チーム（児童A・C）と△△チーム（児童B・D）で対決する。	・児童Aには，ボールを運ぶ活動に入る前に，自分のペースで動くのではなく，児童Cのスピードに合わせて運ぶことを確認する。 ⇒（評価）ボール運びゲームのなかで，相手に合わせて自分の移動の速さを調整しようとしたか。

表Ⅱ-5　授業時の評価の記載例（児童Aについて）

授業時	ボール運びゲームがはじまった最初のころは，早くボールを運びたい気持ちが勝り，先に進もうとしてしまったが，自分だけ先に進むと逆にうまくボールが運べないことに気付き，少しずつ相手を意識して動きを調整できるようになってきている。
授業改善	次の授業では，うまくボールを運ぶにはどうしたらよいかを児童Aに考えてもらい，相手の動きに合わせることを自分で意識できるようにしようと考えた。ただし，この単元だと相手に合わせることができているが，「相手の意図」までは推測できていないので，次は，「相手の意図」に着目できる単元（教材）を設定することが必要であると考える。

　以上のように，授業時の学習評価は，その時間においてみられた姿をもとにしています。そのため，かなり具体的な状況場面での学習成果を評価することになり，これができたからといって，必ずしも他の場面でできるとは言えないものです。そのため，この単元を通して，繰り返し指導するとともに，この単元が終了したあとも「他者の意図理解」をテーマにした自立活動を継続していく必要があります。

　ただし，授業改善の視点で示した「次の単元で取り組むべき内容・課題」については，毎回の授業評価で記載する必要はありません。単元を通して何度か授業を行ってみて，今回の単元で身に付きそうな力と，次の単元に継続していくべき内容がある程度みえてきたところで，メモのように残しておくとよいと考えます。

3 エピソードを用いて子どもの変化を評価する

　それでは，最後に自立活動の授業を通して，「評価規準」として掲げた資質・能力が身に付いたかどうかを評価する方法についてみていきます。

　自立活動の評価規準となる課題は，たとえば「他者の意図を理解することができる」など，簡単にクリアすることができないものであることが多いです。これまで述べてきた通り，こうした課題は長期的に自立活動の指導を行い，少しずつ改善・克服していくものです。そのため，授業時の評価基準とは異なり，「できた」「できなかった」に二分して評価することが難しいものが多いでしょう。

　以上のように，自立活動で改善・克服をめざす学習上又は生活上の困難は，障害によって生じているものですので，その学習の成果はすぐに出るものばかりではありません。そのため，長期的な学習成果については，少しずつ変化している姿を記述し，（量的にではなく）質的に評価することがよいでしょう。そして，こうした質的な変化を書き記す評価の方法として，「エピソード記述」があります。近年，保育学や教育学の分野で「エピソード」に記して子どもの学びを評価し，分析する方法が進められてきていますので，今後，自立活動においてもエピソード記述を用いた評価方法を広めていくことが重要であると考えます。エピソード記述や質的分析の方法と，エピソード記述を用いた実践例を記した書籍については，以下の文献を参照してください。

【参考文献】
〔保育学・教育学部の分野におけるエピソード記述の方法を記した書籍〕
・鯨岡峻・鯨岡和子（2009）『エピソード記述で保育を描く』ミネルヴァ書房.
・秋田喜代美・藤江康彦（2019）『これからの質的研究法　15の事例にみる学校教育実践研究』東京図書.

〔特別支援教育の指導でエピソード記述を用いた実践例が示された書籍〕
・障害児の教授学研究会（2017）『エピソードから読み解く特別支援教育の実践　子ども理解と授業づくりのエッセンス』福村出版.
・新井英靖・茨城大学教育学部附属特別支援学校（2020）『特別支援学校　新学習指導要領　「国語」「算数・数学」の学習指導案づくり・授業づくり』明治図書.

第3章

知的障害・発達障害のある子への
自立活動の
指導課題と教材開発

1 自己の健康を管理する力を 育てる自立活動

1　健康の保持
(1) 生活のリズムや生活習慣の形成・(5) 健康状態の維持・改善

1　「生活のリズムや生活習慣の形成」に関する自立活動のねらい

　自立活動のなかで「健康の保持」に関する項目は，重症心身障害児の医療的ケアや病弱特別支援学校の子どもたちへの服薬等の諸課題の指導が中心となります。『解説自立活動編』においても，「健康の保持」は以下のような「生活のリズム」や「生活習慣」を形成することが主なねらいとなります。

体温の調節，覚醒と睡眠など健康状態の維持・改善に必要な生活のリズムを身に付けること，食事や排泄などの生活習慣の形成，衣服の調節，室温の調節や換気，感染予防のための清潔の保持など健康な生活環境の形成を図ること　　　　　　　　　（『解説自立活動編』，p.51）

　このうち，知的障害児や発達障害児の学習上又は生活上の困難としては，「睡眠，食事，排泄というような基礎的な生活のリズムが身に付くようにすることなど，健康維持の基盤の確立を図る」ことなどが挙げられます（『解説自立活動編』，p.52）。『解説自立活動編』では，具体的に，以下のような困難と指導例が挙げられています（表Ⅲ-1）。

表Ⅲ-1　「生活のリズムや生活習慣の形成」に関する困難と指導例

障害	学習上又は生活上の困難	指導例
ADHD	周囲のことに気が散りやすいことから一つひとつの行動に時間がかかり，整理・整頓などの習慣が十分身に付いていない。	日課に即した日常生活のなかで指導をする。清潔や衛生を保つことの必要性を理解する。
自閉症	興味のある活動に過度に集中してしまい，自分のことを顧みることが難しくなってしまうことや，自己を客観的に把握することや体内の感覚を自覚することなどが苦手であり，自分の体調がよくない，悪化している，疲れているなどの変調がわからずに，無理をしてしまう。	規則正しい生活をすることの大切さについて理解する。体調を自己管理するために，客観的な指標となる体温を測ることを習慣化し，体調がよくないと判断したら，その後の対応を保護者や教師と相談することを学ぶ。

（『解説自立活動編』，pp.52-53を抜粋）

なお，知的障害児や発達障害児に関しては，「健康に関する習慣」について指導する場合には，「自己を客観視する」指導も必要だと考えられています。たとえば，『解説自立活動編』では，「毎朝その日の体調を記述したり，起床・就寝時刻などを記録したりして，スケジュール管理をすること，自らの体内の感覚に注目することなどの指導をする」ことが挙げられています（『解説自立活動編』，p.53）。

2　「健康状態の維持・改善」に関する自立活動のねらい

　以上のような「生活のリズム」や「生活習慣」に関することのほかに，「健康の保持」のなかには「健康状態の維持・改善」に関する内容もあります（「1　健康の保持（5）健康状態の維持・改善」）。この項目では，以下のような点が指導のねらいとなります。

> 障害のため，運動量が少なくなったり，体力が低下したりすることを防ぐために，日常生活における適切な健康の自己管理ができるようにすること　　　　（『解説自立活動編』，p.59）

　このねらいについては，「健康の保持」の領域であるので，あくまでも「健康の自己管理」がねらいであるという点に留意することが必要です。そのため，知的障害児や発達障害児に対しても，「健康の状態を明確に訴えることが困難なため，様々な場面で健康観察を行うことにより，変化しやすい健康状態を的確に把握する」ことが求められています（『解説自立活動編』，p.59）。

　ただし，単に自分の健康状態をモニターするだけではなく，この項目については，「乾布摩擦や軽い運動を行ったり，空気，水，太陽光線を利用して皮膚や粘膜を鍛えたりして，血行の促進や呼吸機能の向上などを図り，健康状態の維持・改善に努める」ことが例示されています（『解説自立活動編』，p.59）。具体的には，以下のような困難と指導例が挙げられています（表Ⅲ-2）。

表Ⅲ-2　「健康状態の維持・改善」に関する困難と指導例

障害	学習上又は生活上の困難	指導例
知的障害 自閉症	運動量が少なく，肥満になったり，体力低下を招いたりする。心理的な要因により不登校の状態が続き，運動量が極端に少なくなったり，食欲不振の状態になったりする。	運動することへの意欲を高めながら適度な運動を取り入れたり，食生活と健康について実際の生活に即して学習したりするなど，日常生活において自己の健康管理ができるようにする。

（『解説自立活動編』，p.59を抜粋）

3　教材開発・学習指導案づくりのポイント

　以上の点をふまえて,「1　健康の保持 (1) 生活のリズムや生活習慣の形成／(5) 健康状態の維持・改善」に関する自立活動の教材開発・学習指導案づくりのポイントを整理すると,

●自己の健康を管理する方法を知ること

●健康を維持・増進する方法を知り,実践できること

の2点を指導することが必要です。

　たとえば,「自己の健康を管理する方法を知ること」では,健康を維持するバロメーターとなるのはどのような情報であるか,ということを知ったり,その情報を得る方法や記録する方法を理解することなどが挙げられます。もちろん,「健康であるのか,病院に行く必要があるのか」という点について判断できることも重要です。

　また,「健康を維持・増進する方法を知り,実践できること」では,上記のような健康観察の方法を知るだけでなく,健康を維持するための方法を含めて学習することが求められます。具体的には,軽い運動をする習慣をつけるとともに,その運動が体重の管理などに効果があることを理解できるような自立活動の学習が必要だと考えます。

4　教育活動全体を通じた自立活動の展開

展開例

〔健康の自己管理の方法を学ぶ自立活動〕

指導場面：保健（高等部）

困難場面：検温することはできても,どのくらいの体温までが平熱なのかがわからず,健康について自己管理することが十分にできていない。

保健の時間における指導のねらい

●風邪などをひくと体温が上がるなど,健康のバロメーターとして体温が指標となることを学ぶ。

●検温以外の健康状態がわかる項目を学ぶ。　等

自立活動のねらい

●自分の平熱がどのくらいであるのかを知り,記録の付け方を学ぶ。

●付けた記録をみながら自己の体調の変化をとらえる方法を学ぶ。　等

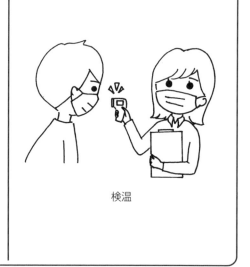

検温

5 時間における自立活動の指導

指導例

〔運動習慣を形成する自立活動〕

活動名：家でできる運動プログラムを考えよう（中学部）

自立活動のねらい

自分に合った運動プログラムを考え，実践する習慣を身に付ける。

自立活動の展開

●日常的にできるいろいろな運動を経験する（継続できる自分に合った運動メニューを探す）。

●家でできる運動を選び，自分なりの運動プログラムを作成する。

●家で運動プログラムを実践したときに，体重などとともに記録をつける。

スクワットとストレッチ

指導例

〔健康の自己管理に関する自立活動〕

活動名：肥満について学ぼう（中学部）

自立活動のねらい

肥満が健康を害する可能性があることを理解し，肥満を防止するための運動と食事について知る。

自立活動の展開

●肥満の状態を知る／肥満になると健康にどのような影響が出るのかを知る。

●肥満にならないようにするためには運動と食事が重要であることを理解する。

●肥満を解消するための運動メニューと食事メニューを知り，自分でできる方法を考える。

肥満解消の食事メニューを考える

2 自己の障害を理解する自立活動

1 健康の保持
(4) 障害の特性の理解と生活環境の調整

1 「自己の障害を理解する」ことを目的とした自立活動

　この項目は，平成29年に改訂された特別支援学校学習指導要領で新設されたものです。『解説自立活動編』では，以下のようなことをねらいとして，指導することになっています。

> 自己の障害にどのような特性があるのか理解し，それらが及ぼす学習上又は生活上の困難についての理解を深め，その状況に応じて，自己の行動や感情を調整したり，他者に対して主体的に働きかけたりして，より学習や生活をしやすい環境にしていくこと
>
> （『解説自立活動編』，p.57）

　現在の社会では，単に誰かからの支援を受けられればよいのではなく，自らの生活を自身の選択で切り拓いていくことが求められています。そのため，「自己の障害の特性の理解を深め，自ら生活環境に主体的に働きかけ，より過ごしやすい生活環境を整える力を身に付ける」といった項目が自立活動に加わりました（『解説自立活動編』，p.57）。

2 「障害の特性の理解と生活環境の調整」に関する自立活動のねらい

　自立活動を指導するにあたって，この項目があくまでも「健康の保持」のなかの一項目であるということに留意することが必要です。すなわち，学習指導要領に示されている「自己の障害の理解」や「自己の行動や感情の調整」あるいは「生活環境を整える」といった指導は，「健康」を保持するために行うものであるということです。

　それでは，知的障害児や発達障害児は，自己の障害を理解することで，どのような健康を保つことができるのでしょうか。たとえば，感覚過敏などで耐えられない音や感触がある空間にずっといなくてもよいように，「別の部屋で過ごしたい」と教師に伝えることができれば，ストレスから解放される，などが考えられます。こうした意志の伝達を，単なるコミュニケーション手段の獲得ととらえるのではなく，「ストレス下から逃れる」ことができる力だととらえれば，精神保健（メンタルヘルス）を保つための指導になると考えます。以上のように，メンタルヘルスを保つために，自己の障害特性を理解し，社会・環境のなかでどのように行動すれ

ばよいかを理解することがこの項目の主なねらいとなります（表Ⅲ-3）。

表Ⅲ-3 「障害の特性の理解と生活環境の調整」に関する困難と指導例

障害	学習上又は生活上の困難	指導例
自閉症	感覚の過敏さやこだわりがある場合，大きな音がしたり，予定通りに物事が進まなかったりすると，情緒が不安定になることがある。	自分から別の場所に移動したり，音量の調整や予定を説明してもらうことを他者に依頼したりするなど，自ら刺激の調整を行い，気持ちを落ち着かせることができるようにする。
LD ADHD	自分の長所や短所，得手不得手を客観的に認識することが難しかったり，他者との違いから自分を否定的にとらえてしまったりする。	個別指導や小集団などの指導形態を工夫しながら，対人関係に関する技能を習得するなかで，自分の特性に気付き，自分を認め，生活する上で必要な支援を求められるようにする。

（『解説自立活動編』，pp.57-58を抜粋）

3 教材開発・学習指導案づくりのポイント

　以上の点をふまえて，「1　健康の保持（4）障害の特性の理解と生活環境の調整」に関する自立活動の教材開発・学習指導案づくりのポイントを整理すると，

●自己の障害＝認知や感情の特性（得意・不得意／できること・できないこと）を理解すること

●自身の特性に応じて自ら環境を変える働きかけをしたり，他者に支援を求めたりする力を身に付けること

の2点を指導することが必要です。

　このとき，自分で快適な環境に変えていくためには，「苦手なこと」や「できないこと」ばかりを強く意識させるのではなく，「得意なこと」や「できること」にも目を向けて，「どうしたいのか」を考えることが重要です。また，一人ですべてに対応しようとするのではなく，支援を求めることは「恥ずかしいことではない」と考えるなど，メンタルヘルスを保つことができる「考え方」を学ぶことも重要です。

　一方で，自己の「障害」について理解する授業を展開することも必要なケースがあります。「障害」について学ぶ場合には，保護者と十分に話し合い，どのような内容を子どもに伝えるかという点を検討しなければなりません。その上で，将来の生活に希望をもつことができるような学習を進めていくことが必要です。

4 教育活動全体を通じた自立活動の展開

展開例

〔安定した環境で過ごす方法を学ぶ自立活動〕

指導場面：全教科・領域（小学部）

困難場面：思った通りに予定が進んでいかないと怒り出し，パニックを起こしてしまう。

教育活動全体を通じた自立活動の進め方

● 可能な限り，スケジュールをホワイトボードなどに記して予告する対応をとる。

● 予告通りに進まなかったときに，本人にていねいに告げて，どのように参加するかを話し合う。

● パニックを起こす前に，一時的に活動から離れて気持ちを収める方法を学ぶ（メンタルヘルスが保たれていることを本人と確認する）。

スケジュールボードで予定を確認

5 時間における自立活動の指導

指導例

〔自己の障害を理解する自立活動〕

活動名：みんなでエゴサーチ（中学部）

学習上の困難

できることはそれなりにあるのに，失敗経験が大きく印象に残ってしまい，自己肯定感がとても低く，あらゆる学習活動で消極的な様子がみられる。

自立活動のねらい

自分の「得意なこと」「不得意なこと」を自分で客観視することができるように，「自己分析シート」にまとめる。

自立活動の展開

● いろいろな学習場面を取り上げ，自分の行動を振り返る。

● その行動について，「自分からみて」「他人からみて」どうかという軸と，「得意なこと」「苦手なこと」という軸で整理する（自己分析をするとネガティブになりすぎる生徒については，他者からみた「その生徒のよい点」を挙げてもらう）。

● 分析した結果を示し，自分の特徴（「得意なこと」と「苦手なこと」）を客観視できるようにする。

得意なことは？　苦手なことは？

他者からみえている「私」

← 苦手なこと　　得意なこと →

自分からみえている「私」

自己分析シート

指導例

〔障害特性の理解と生活環境の調整に関する自立活動〕

活動名：ヘルプカードを作って，使おう（小学部）

学習上の困難

（自閉症児）大きな音が出る場所・状況が苦手で，耳を
ふさいだり，その場から離れようとしてしまい，学習に
参加できない場面がある。

自立活動のねらい

苦手な状況を意識し，音が気になって嫌な気持ちのとき
に周囲に理解してもらえる方法を学ぶ。

自立活動の展開

● 学習を続けられなくなる場面を挙げる（音の出る状況
　が苦手であることを意識する）。

● 音を小さくしてもらえる状況であるかどうかを判断し，
　可能な場合には音を小さくするように依頼する方法を
　考える。

● 音を小さくできない状況・場面のときは，ヘッドホン
　や一時的な退室を認めてもらえるように依頼するカー
　ド（ヘルプカード）を作成する。

● 他の教科・領域の学習場面でどのように使えばよいか
　考え，使用する方法を確認する。

ヘルプカード

3 情緒の安定をはかる自立活動

1　自立活動のねらい

　知的障害児・発達障害児の自立活動は，障害の特性上，「心理的な安定」「人間関係の形成」「コミュニケーション」に関する項目を取り上げることが多くなります。そのなかでも「心理的な安定」は，「人間関係の形成」や「コミュニケーション」に関する項目を下支えするものとなります。それは，「心理的な安定」がなければ，そもそも人間関係は発展していきませんし，コミュニケーションもとろうとしないからです。このようなことから，『解説自立活動編』では，「心理的な安定」の最初の項目である「情緒の安定」は，学習や生活の基盤であり，以下のようなとてもシンプルな「ねらい」を挙げています。

> 安定した情緒の下で生活できるようにすること　　　　　　　　（『解説自立活動編』, p.60）

2　知的障害児・発達障害児の困難の特徴と指導課題

　自立活動では，情緒が不安定になる要因をあくまでも障害の特性から考え，その困難を改善し，克服する方法を考えることが必要です。この点について，『解説自立活動編』では，情緒が不安定となる要因として，「睡眠，生活のリズム，体調，天気，家庭生活，人間関係など」を挙げ，「その要因を明らかにし，情緒の安定を図る指導をするとともに，必要に応じて環境の改善を図る」ことが必要であると指摘しています（『解説自立活動編』, p.61）。

　特に，知的障害児や発達障害児は，「生活環境など様々な要因から，心理的に緊張したり不安になったりする状態が継続し，集団に参加することが難しくなることがある」ことをふまえて自立活動の指導を展開することが求められます（『解説自立活動編』, p.61）。『解説自立活動編』では，発達障害・知的障害に関する具体的な学習上又は生活上の困難とその指導例を，次のように指摘しています（表Ⅲ-4）。

表Ⅲ-4 「情緒の安定」に関する困難と指導例

障害	学習上又は生活上の困難	指導例
自閉症	他者に自分の気持ちを適切な方法で伝えることが難しく，自ら自分をたたいてしまうことや，他者に対して不適切なかかわり方をしてしまう。	自分を落ち着かせることができる場所に移動して，慣れた別の活動に取り組むなどの経験を積み重ねていきながら，その興奮を静める方法を知ることや，様々な感情を表した絵カードやメモなどを用いて自分の気持ちを伝えるなどの手段を身に付けられるように指導する。
ADHD	自分の行動を注意されたときに，反発して興奮を静められなくなることがある。	自分を落ち着かせることができる場所に移動してその興奮を静めることや，いったんその場を離れて深呼吸するなどの方法があることを教え，それらを実際に行うことができるように指導する。
	注意や集中を持続し，安定して学習に取り組むことが難しいことがある。	刺激を統制した落ち着いた環境で，必要なことに意識を向ける経験を重ねながら，自分に合った集中の仕方や課題への取り組み方を身に付け，学習に落ち着いて参加する態度を育てる。
LD	読み書きの練習を繰り返し行っても，期待したほどの成果が得られなかった経験などから，生活全般において自信を失っている場合がある。そのため自分の思う結果が得られず感情的になり，情緒が不安定になることがある。	本人が得意なことを生かして課題をやり遂げるように指導し，成功したことを褒めることで自信をもたせたり，自分のよさに気付かせたりすることができるようにする。

（『解説自立活動編』，p.61を抜粋）

　「心理的な安定」の最初の項目である「情緒の安定」をはかる自立活動では，様々な理由から情緒が不安定になる要因を考えなければなりません。自閉症など発達障害児は，もともと（一次的な障害として）感情をコントロールすることが苦手な子どもが多くいますが，情緒の不安定さは社会・環境によって二次的に生じることもあります。

　たとえば，失敗経験が多い子どもは，あらゆる活動に対して自信がもてなくなると，情緒が不安定になることがあります。こうした経験が長年にわたって積み重なると，「心身症」の症状を示す発達障害児も多くいます。自立活動の「情緒の安定」では，こうした困難についても視野に入れて取り組む必要があります。

　具体的に『解説自立活動編』では，二次的な情緒の不安定とそうした子どもへの自立活動の

指導例は，以下のように指摘されています（表Ⅲ-5）。

表Ⅲ-5　二次的な情緒の不安定と自立活動の指導例

二次的な情緒不安定な状態	自立活動の指導例
過去の失敗経験等により，自信をなくしたり，情緒が不安定になりやすかったりする。	機会を見つけて自分のよさに気付くようにしたり，自信がもてるように励ましたりして，活動への意欲を促すように指導する。
（心身症になると）心理的に緊張しやすく，不安になりやすい。また，身体面では，嘔吐，下痢，拒食等の様々な症状があり，日々それらが繰り返されるため強いストレスを感じることがある。それらの結果として，集団に参加することが困難な場合がある。	教師が病気の原因を把握した上で，本人の気持ちを理解しようとする態度でかかわることが大切である。その上で，良好な人間関係づくりを目指して，集団構成を工夫した小集団で，様々な活動を行ったり，十分にコミュニケーションができるようにする。

（『解説自立活動編』，p.62を筆者がまとめた）

3　教材開発・学習指導案づくりのポイント

　以上の点をふまえて，「2　心理的な安定（1）情緒の安定」に関する自立活動の教材開発・学習指導案づくりのポイントは，次のようにまとめられます。

●緊張や心理的ストレスから解放され，情緒を安定させられる時間・空間を確保すること

●自信をもって取り組めることを増やし，情緒を安定させられる時間・空間を増やすこと

　以上のように，この項目に取り組む必要のある子どもには，情緒を安定させられる時間や空間をつくり，継続することが自立活動の主たるねらいとなります。多くの特別支援学校や特別支援学級では，「リラックスルーム」などの小部屋を設けておき，情緒が不安定になったときには，その部屋で一時的に休むことができるような対応をすることがありますが，こうした対応も教育活動全体を通じた自立活動の一つです。

　「情緒の安定」には，その子どもが所属する集団の雰囲気なども大きく関係しますので，基本的な対応方法は学校全体で統一した方針で取り組むことが重要です。

リラックスルーム

4　教育活動全体を通じた自立活動の展開

展開例

〔リラックスルームの活用〕

指導場面：すべての学習場面（小学部高学年）

困難場面：少しでも自分の思うとおりにいかないと大声をあげて暴れる。このとき，周囲の大人が大きな声で制止しようとすると，情緒の混乱が増幅され，机を投げたりする。

暴れたときのかかわり方（例）

●暴れはじめたときには，穏やかな態度でリラックスルームに誘導する。

●周囲にある危険なものを遠ざけ，クラスにいる子どもたちを安全なスペースに移動させる。

●教室の後ろにマットを敷き，子どもをそこに誘導し，横たわらせ，軽く背中をさすって気持ちを落ち着かせる。

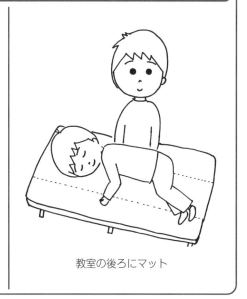

教室の後ろにマット

5　時間における自立活動の指導

指導例

〔情緒を安定させる時間・空間をつくる〕

活動名：ファンタジーワールドで楽しもう（中学部）

自立活動のねらい

教室に落ち着いた雰囲気をつくり，そのなかにいれば気持ちが落ち着くことを学ぶ。

自立活動の展開

●うす暗くした空間に電飾をつけ，穏やかな音楽のなかで寝そべったり，電飾を見つめたりする。

●この時間・空間が気に入ったら，電飾や音楽を自分で選び，30分程度過ごせるようにする。

●慣れてきたら何人かで一緒にこの時間・空間を過ごせるようにする。

うす暗い空間に電飾，穏やかな音楽

状況の変化を理解し，安定した生活を送る自立活動

2　心理的な安定
(2) 状況の理解と変化への対応

1　自立活動のねらい

　知的障害児・発達障害児の「心理的な安定」に関する指導では，子どもの「情緒の安定」をはかることができたら，「状況の理解と変化への対応」ができるように指導していくことが課題となります。『解説自立活動編』では，この点について，以下のようなねらいで実践することが挙げられています。

> 場所や場面の状況を理解して心理的抵抗を軽減したり，変化する状況を理解して適切に対応したりするなど，行動の仕方を身に付けること　　　　　　　（『解説自立活動編』，p.62）

　もちろん，「心理的な安定」が自立活動の課題となっている子どもへの指導ですので，自分のおかれている状況を認知的に理解させ，どのように行動すればよいかを（認知的に）指導することが，この項目で求められているわけではありません。むしろ，「場所や場面が変化することにより，心理的に圧迫を受けて適切な行動ができなくなる」子どももいるので，そうした子どもには，「教師と一緒に活動しながら徐々に慣れるよう指導する」というように，寄り添い，安心を感じながら，状況を理解できるようにしたり，変化に対応できるようにすることが重要です（『解説自立活動編』，p.63）。

2　知的障害児・発達障害児の困難の特徴と指導課題

　知的障害児や発達障害児の障害特性を考えると，自立活動の指導では，認識と感情をうまく折り合わせ，自ら行動を調整していく力をつけることが課題となります。実際のところ，状況が理解できず，変化に対応できなくなる場面には，以下の二つのポイントがあると考えます。
●予定や周囲の状況の少しの変化に適応できず，情緒が不安定になる場合
●こだわりや固定した見方が強く，子どもの思っていることと，周囲の人（教師や友達）がやろうとしていることの間に少しのギャップが生じて，情緒が不安定になる場合
　具体的に，この点について『解説自立活動編』では，知的障害児・発達障害児の学習上又は生活上の困難及び指導例を，以下のように指摘しています（表Ⅲ-6）。

障害	学習上又は生活上の困難	指導例
自閉症	日々の日課と異なる学校行事や，急な予定の変更などに対応することができず，混乱したり，不安になったりして，どのように行動したらよいかわからなくなることがある。	予定されているスケジュールや予想される事態や状況等を伝えたり，事前に体験できる機会を設定したりするなど，状況を理解して適切に対応したり，行動の仕方を身に付けたりするための指導をする。
	周囲の状況に意識を向けることや経験したことを他の場面にも結び付けて対応することが苦手なため，人前で年齢相応に行動する力が育ちにくい。	行動の仕方を短い文章にして読むようにしたり，適切な例を示したりしながら，場に応じた行動の仕方を身に付けさせていく。
	特定の動作や行動に固執したり，同じ話を繰り返したりするなど，次の活動や場面を切り換えることが難しい（自分にとって快適な刺激を得ていたり，不安な気持ちを和らげるために自分を落ち着かせようと行動していたりしている）。	特定の動作や行動等を無理にやめさせるのではなく，本人が納得して次の活動に移ることができるように段階的に指導する。その際，特定の動作や行動を行ってもよい時間帯や回数をあらかじめ決めたり，自分で予定表を書いて確かめたりして，見通しをもって落ち着いて取り組めるように指導する。

（『解説自立活動編』，pp.63-64を抜粋）

3 教材開発・学習指導案づくりのポイント

　以上の点をふまえて，「2　心理的な安定 (2) 状況の理解と変化への対応」に関する自立活動の教材開発・学習指導案づくりのポイントを整理すると，「状況をどのようにとらえるか」そして「どのように行動するべきか」という認識を，「本人の納得感」などといった感情・情緒と結び付けて指導することが必要だということです。

　たとえば，予定の変更があったときに，「次の予定は〜のように変更になりました」と教師が一方的に絵カードなどでわかりやすく示すだけでは，「心理的な安定」にはつながりません。このとき，「本当は〜したかったのに！」という子どもの「思い」を受け止め，それでも「〇〇先生が言うなら仕方ないか……」という気持ちになるように指導していくことがこの項目で求められることです。こうした「消極的な納得感」も含めて，心理的な安定を自らはかっていくことができるように指導していくことが必要です。

　こうした指導を展開する場合には，学習活動のなかに含まれる「変化する状況」を意図的に設定していくことがポイントとなります。たとえば，生活単元学習で校外学習に出かけたとき

などには，予定していたバスが5分程度，遅れて到着することなどはあるでしょう。そうした場面において，それは「ある程度仕方のないこと」であり，そうした状況のなかでも「情緒を安定させること」ができるように指導していくことがこの項目の指導となります（下に記した具体例参照）。

　また，変化する状況を意図的に仕組んで，そのなかで気持ちを安定させながら活動に取り組むことを学ぶ「自立活動の時間」を展開することも必要です。こうした指導には，ある程度のパターンで進んでいくゲームのなかにちょっとしたハプニングを仕組んでみたり，参加するメンバーを毎回少しずつ変えたりするなど，教員の側が「変化する状況」を授業展開のなかに組み入れ，そのなかで学ぶ自立活動の時間を設定することが有効であると考えます。

　自立活動では，「楽しく活動する」ことが前提ですが，楽しく活動するなかに，「状況の変化」に対応し，気持ちをコントロールすることを組み入れていくことを指導していくことが求められます。

4　教育活動全体を通じた自立活動の展開

展開例

〔予定の変更に対応する力を育てる自立活動〕
指導場面：生活単元学習（校外学習）（小学部）
困難場面：事前に学習した予定通りに進まないと怒り出す一方で，校外に出かけたときに気になるものをみつけると予定を無視した行動をとる。
生活単元学習（校外学習）のねらい
●計画通りに買い物をすることができる。
●校外に出かけたときのマナーやルールを守ることができる。　等
自立活動（心理的な安定）のねらい
●バスの発車時刻などが予定よりも遅くなったときに，あらかじめ予定より遅くなることを伝えるとともに，「そういうこともある」と納得してもらえるようにかかわる。　等

買い物学習の帰りのバス停

5 時間における自立活動の指導

〔予期せぬ状況に対応できるようにする自立活動〕

活動名：オリジナル人生ゲームをしよう（中学部）

自立活動のねらい

めくったカードに予期せぬことが書かれていても，怒らずに，指示通りに活動することができる。

自立活動の展開〔オリジナル人生ゲームの進め方〕

● サイコロを振って止まったマスのところに書かれていることを行う（例：ルーレットを回して5以上が出たら，2マス進む等）。

● 「赤いカードの中から1枚を選ぶ」などのマスをつくり，そのマスに止まったときは，山からカードを1枚めくる（これらのカードの内容は毎回，少しずつ変える）。

● カードをめくったときに，期待通りのカードが出なくても，あるいはやりたくないカードが出ても，「仕方ない」「まあいいか」と考えられるように指導する。

人生ゲーム

〔決めた予定の通りに楽しむ自立活動〕

活動名：「マイタイム」を楽しもう（高等部）

自立活動のねらい

好きな活動を決めた時間のなかで楽しみ，時間がきたら気持ちを切り替えることを学ぶ。

自立活動の展開

● 自立活動の時間のなかで30分間だけ自分の好きなことをしてよい時間を設定する。

● 本人に30分の楽しみ方を考えさせ，決まったら30分は自由に活動する。

● 30分経ったところでタイマーを鳴らし，好きな活動を終了できるように指導する。

終了時刻です！

2　心理的な安定
(3) 障害による学習上又は生活上の困難を改善・克服する意欲

1　自立活動のねらい

　知的障害児・発達障害児の「心理的な安定」で目指すところは，情緒を安定させ，状況の変化に対応できる心理的な状態にしたうえで，障害による困難を意欲的に乗り超えようとする力を育てることです。『解説自立活動編』では，この点について，以下のようなねらいが挙げられています。

> 自分の障害の状態を理解したり，受容したりして，主体的に障害による学習上又は生活上の困難を改善・克服しようとする意欲の向上を図ること　　　　　　　　（『解説自立活動編』，p.64）

　一般的に「学習意欲」を向上させるためには，教科・領域の指導の際に子どもたちに魅力的な教材を提示し，夢中になって学べる授業を展開することが基本となります。これは，自立活動でも同様ですが，自立活動の場合は，「障害による学習上又は生活上の困難を理解し，それを改善・克服する意欲の向上を図る」ことが目標となります（『解説自立活動編』，p.64）。

2　知的障害児・発達障害児の困難の特徴と指導課題

　自立活動でこの項目を指導する場合には，自分の苦手なところや課題に対してみつめる時間をつくることが考えられます。そのため，自立活動の時間が「一人で自分の苦手なことと向き合う」辛い学習になってしまう可能性があります。この点について，『解説自立活動編』では，「障害に起因して心理的な安定を図ることが困難な状態にある幼児児童生徒の場合，同じ障害のある者同士の自然なかかわりを大切にしたり，社会で活躍している先輩の生き方や考え方を参考にできるようにして，心理的な安定を図り，障害による困難な状態を改善・克服して積極的に行動しようとする態度を育てることが大切である」と示されています（『解説自立活動編』，p.65）。このように，他者を相対的な対象として位置付けながら，自己の特性をみつめ，それを改善・克服していく過程をつくり出していくことがこの項目の自立活動で求められています。具体的に『解説自立活動編』で挙げられている，この項目に関する困難と指導例は以下の通りです（表Ⅲ-7）。

表Ⅲ-7　｢障害による学習上又は生活上の困難を改善・克服する意欲」に関する困難と指導例

障害	学習上又は生活上の困難	指導例
LD	自分の思う結果が得られず，学習への意欲や関心が低いことがある。	自己の特性に応じた方法で学習に取り組むためには，周囲の励ましや期待，称賛を受けながら，何が必要かを理解し，できる，できたという成功体験を積み重ねていく。
	文章を読んで学習する時間が増えるにつれ，理解が難しくなり，学習に対する意欲を失い，やがては生活全体に対しても消極的になってしまうことがある。	振り仮名を振る，拡大コピーをするなどによって自分が読み易くなることを知ることや，コンピュータによる読み上げや電子書籍を利用するなどの代替手段を使うことなどによって読み取りやすくなることを知ることについて学習する。
知的障害	コミュニケーションが苦手で，人とかかわることに消極的になったり，受け身的な態度になったりすることがある。	自分の考えや要求が伝わったり，相手の意図を受け止めたりする双方向のコミュニケーションが成立する成功体験を積み重ね，自ら積極的に人とかかわろうとする意欲を育てる。
	音声言語が不明瞭だったり，相手の言葉が理解できなかったりすることに加えて，失敗経験から人とかかわることに自信がもてなかったり，周囲の人への依存心が強かったりする。	言語の表出に関することやコミュニケーション手段の選択と活用に関することなどの指導をする。

（『解説自立活動編』，pp.65-67を抜粋）

3　教材開発・学習指導案づくりのポイント

　以上のように，障害があっても「できる」という経験を積み重ねることによって，「できない」と感じる場面においても人とかかわり，課題を進めていこうとする意欲を育てることが自立活動のねらいとなります。もちろん，自立活動で求められる障害による困難の「改善・克服」は，タブレットなどを活用し，代替コミュニケーションを促進していく方法でもかまいません。

　たとえば，『解説自立活動編』では，学習障害（LD）などの子どもに対して，「漢字の読みが覚えられない，覚えてもすぐに思い出すことができないなどにより，長文の読解が著しく困難になること，また，読書を嫌うために理解できる語彙が増えていかないことも考えられる」と述べられています。こうした困難に対して，「口述筆記のアプリケーションやワープロを使

ったキーボード入力, タブレット型端末のフリック入力などが使用できることを知り, 自分に合った方法を習熟するまで練習することなども大切である」と述べられています（『解説自立活動編』, p.67：代替コミュニケーションを用いた指導の実際については「6　コミュニケーション」を参照）。

「心理的な安定」を目的とした自立活動を展開する場合には, これらの代替コミュニケーションを使用することにより, 「自分の力で学習するとともに, 意欲的に活動することができるようにすること」が大切であると指摘されています（『解説自立活動編』, p.67）。もちろん, こうした代替コミュニケーションを使用する際には, その利用を周囲に認めてもらえるように, 依頼することができる力を育てることも必要です。

4　教育活動全体を通じた自立活動の展開

展開例

〔わからない言葉の意味を確認する指導〕

指導場面：国語などの教科学習（小学部高学年）

困難場面：本（教科書など）を読んでいてわからない言葉が出てくると, 「もういい」と言って学習することをあきらめてしまう。

教科学習時の支援方法

●わからない単語が出てきたら, タブレットを使って意味を調べてよいことを伝える。

●複数の教師で指導できる時間には, タブレットで言葉を検索し, 意味を理解する際に, 個別に調べ方などを指導する。

●調べた単語を単語カード（ノートでも可）に記載し, 「今日, 調べた単語」を帰りに復習できるようにする。（日々, 調べた単語が増えていくことを確認し, 学習意欲や自信が高まるように指導する。）

わからない単語を
先生と一緒にタブレットで検索する

5 時間における自立活動の指導

指導例

〔苦手な場面でも意欲的に学ぶ自己調整の方法〕

活動名：『私のトリセツ』を作ろう（中学部）

自立活動のねらい

自分の得意・不得意を整理して，苦手な場面に遭遇したときにどのように自己をコントロールするかを『トリセツ』にまとめる。

自立活動の展開

● 『私のトリセツ』シートに，自分の得意なこと・苦手なことを記入していく。

● 苦手な状況・場面で混乱したときに，自分にどのように声をかけるかを考え，吹き出しに記入する。

● 「（吹き出しに入れる）声かけ」を紹介し合うなどして，他の人の『私のトリセツ』を見て，自分に対する声かけのレパートリーを増やす。

『私のトリセツ』シートに記入

指導例

〔自分に合った支援ツールを探す〕

活動名：いろいろな支援ツールを使ってみよう（中学部）

自立活動のねらい

苦手なところを補うことができる支援ツールを試しに使ってみることで，障害による困難の改善・克服方法を増やす。

自立活動の展開

● 文字の読み書きや計算のほか，意思伝達，微細運動など，様々な側面から支援ツールを試しに使ってみる。

● 自分で使えそうな支援ツールをみつけた場合には，どのような場面で，どのような点に注意して使用するかを考える。

音声入力アプリにトライ

他者とのかかわりの基礎を築く自立活動

3　人間関係の形成
(1) 他者とのかかわりの基礎

1　自立活動のねらい

　知的障害児・発達障害児の「人間関係の形成」は，主体的・対話的に学ぶ基盤となるものです。これは，自閉症児など，他者との関係を築くことが苦手な障害特性を有する子どもにとって不可欠な指導であると言えます。具体的に，『解説自立活動編』では，以下のようなことが「ねらい」となっています。

> 人に対する基本的な信頼感をもち，他者からの働き掛けを受け止め，それに応ずることができるようにすること
> 　　　　　　　　　　　　　　　　　　　　　　　　　　　　　　　（『解説自立活動編』，p.67）

　ただし，必ずしも自閉症児の特性のみにとらわれるのではなく，一般的な「人間関係の形成」の過程をていねいに追うようにして指導することが必要です。『解説自立活動編』でも，「人に対する基本的な信頼感は，乳幼児期の親子の愛着関係の形成を通してはぐくまれ，成長に伴い様々な人との相互作用を通して対象を広げていく。身近な人と親密な関係を築き，その人との信頼関係を基盤としながら，周囲の人とのやりとりを広げていくようにする」と指摘されています（『解説自立活動編』，p.68）。

2　知的障害児・発達障害児の困難の特徴と指導課題

　以上のような「人間関係の形成」を自立活動の指導で行う必要がある発達障害児・知的障害児は，以下のような学習上又は生活上の困難を伴う子どもで，その指導例としては，以下のようにまとめられます（表Ⅲ-8）。

表Ⅲ-8　「他者とのかかわりの基礎」に関する困難と指導例

障害	学習上又は生活上の困難	指導例
自閉症	他者とかかわる方法が十分に身に付いていない。	身近な教師とのかかわりから，少しずつ，教師との安定した関係を形成する。やりとりの方法を大きく変えずに

| | | 繰り返し指導するなどして，そのやり とりの方法が定着するようにし，相互 にかかわり合う素地をつくる。 |

（『解説自立活動編』，p.68を抜粋）

　この指導において，『解説自立活動編』では，「言葉だけでなく，具体物や視覚的な情報も用いて分かりやすくすることも大切である」と指摘されています。また，「嬉しい気持ちや悲しい気持ちを伝えにくい場合などには，本人の好きな活動などにおいて，感情を表した絵やシンボルマーク等を用いながら，自分や，他者の気持ちを視覚的に理解したり，他者と気持ちの共有を図ったりするような指導を通して，信頼関係を築くことができるようにすることが大切」であるということも指摘されています（『解説自立活動編』，p.68）。

3　教材開発・学習指導案づくりのポイント

　以上の点をふまえると，「3　人間関係の形成（1）他者とのかかわりの基礎」に関する自立活動の教材開発・学習指導案づくりでは，乳児の人間関係の形成過程を参考にするのが良いと考えます。すなわち，乳児は生まれながらに人間関係を形成する力を有しているのではなく，生後直後から大人が適切に応答していくなかで人間関係は形成されます。具体的には，以下のようなプロセスで人間関係は形成されます。

初期の人間関係の形成過程

生後直後の子どもは，おむつが濡れていたり，おなかがすいたりして，不快に感じたときに泣きだします。子どもの側からすれば，これは単なる反射的なものですが，それを見た養育者（周囲の大人）は子どもにかかわりはじめます。そして，おむつを取り除いたり，ミルクをあげたりしてお世話をするなかで，子どもは他者を意識するようになります。

情動的な交流を基盤にしたコミュニケーション

　以上のような子どもと養育者（周囲の大人）との情動的交流を通して，初期の人間関係（アタッチメント）が成立します。こうしたプロセスを参考にして，「人間関係の形成」の最初である「他者とのかかわりの基礎」を築くための自立活動の指導においては，以下の点を充足することが重要となります。

●子どもの微弱な反応を読み取り，子どもの気持ちに沿って応答する。

●上記の「応答関係」を継続することで，子どもがかかわってくる大人のことを認識し，意思を伝えようとする（この気持ちを受け止め，再び子どもの気持ちに沿って対応することで，関係性を確かなものにしていく）。

　このように，人間関係を形成する初期に必要な「他者とのかかわりの基礎」を育てる自立活動では，教師は子どもに「何かを教える」役割ではなく，「子どもの期待・要望」に対して応答し続けることが必要となります。もちろん，自傷や他害など，自他の健康や安全を脅かす行為については制止しなければなりませんが，基本的に「受容」するかかわりを続けて，子どもが「いつもお世話をしてくれるのはこの人である」という認識をもつように，子どもと信頼関係を築くことが自立活動のねらいとなります。

　また，人間関係の形成のプロセスをふまえるならば，「他者への意識」をもつようになったら，「やりたいこと」を他者に発信する基礎を育てることへとつなげていくことも自立活動の指導です。この項目では，具体的な意志の伝達方法を身に付けるところまで求めませんが，子どもの「思い」を他者に伝えようとする気持ちを育てることが自立活動の目的となります。

4　教育活動全体を通じた自立活動の展開

展開例

〔受容をベースにした応答を継続する自立活動〕
指導場面：日常生活全般（中学部）
困難場面：大人からの指示はほとんど聞かずに，動きたいように動き回っている。思い通りにいかないと近くにいる人をたたいたり，蹴ったりする。
自立活動（他者とのかかわりの基礎）のねらい
他の子どもと同じ活動ができない場面で，別室に連れて行き，担当の教師と好きな活動をして過ごし，時間が経ったところでクラスに戻る。
教育活動全体を通じた自立活動の方法
●自傷や他害につながる行為が出て，その衝動が収まらない状況のときに，別室（リラックスルーム）に移動する。
●好きな音楽を何曲か聞く（教師は好みの音楽を流す支援をする）。
●こうした応答を続けることで，子どもに「この先生はやりたいことを準備してくれる人」と認識してもらえるようにかかわる。

リラックスルームで音楽

5 時間における自立活動の指導

〔好きな活動に教師が付き合う自立活動〕

活動名：好きな遊びをしよう（小学部）

自立活動のねらい

自立活動の時間内は児童の好きな活動に没頭できる時間をつくり，子どもと基本的な関係を築く。

自立活動の展開

●20分程度の時間を決めて，児童がやりたい遊びをしてよいことを伝える。

●基本的に教師は，その児童の活動に付き合い，やりたいことをサポートして満足感を得る。

●子どもが手をつないできたり，「これをやりたい」という気持ちを伝えてくるなど，大人にかかわろうとする気持ちを引き出す。

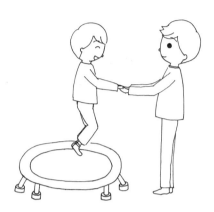

簡易トランポリンでジャンプ

〔他者と一緒に活動する基礎を育てる自立活動〕

活動名：ジャングル探検（小学部）

自立活動のねらい

他者と同じ空間で人に触れたり，人から触れられたりすることを楽しむ。

自立活動の展開

●バスに見立てたフープのなかに複数の子どもが入り，障害物コースの会場まで移動する。

●トンネルや跳び箱を乗り超えるコースを作り，大人が子どもの手をとって，一緒にコースをクリアする。

●コースのなかに，友達と手をつないで一緒に川を渡る箇所をつくる。

●コースをクリアしたら，バスに見立てたフープに入り，みんなで一緒に教室に戻る。

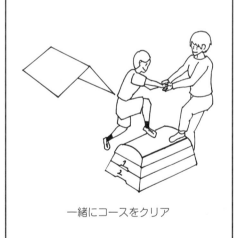

一緒にコースをクリア

7 他者の意図や感情を理解する自立活動

3　人間関係の形成
(2) 他者の意図や感情の理解

1　自立活動のねらい

　知的障害児・発達障害児の「人間関係の形成」では，「他者とのかかわりの基礎」が身に付いた子どもは，「他者の意図や感情の理解」が課題となります。この点について，『解説自立活動編』では，以下のようなねらいが挙げられています。

> 他者の意図や感情を理解し，場に応じた適切な行動をとることができるようにすること
>
> （『解説自立活動編』，p.69）

　この内容でもっともわかりやすい例を挙げるとしたら，自閉症の子どもが表情や身振りなどで相手の意図を理解することができず，人間関係を形成することが難しくなっているという点です。こうした力を身に付けるためには，「多くの人々とのかかわりや様々な経験を通して他者の意図や感情を理解する力を形成する」ことが必要であると指摘されています（『解説自立活動編』，p.69）。

2　知的障害児・発達障害児の困難の特徴と指導課題

　それでは，具体的にどのような学習上又は生活上の困難があり，どのような指導が想定されているのでしょうか。『解説自立活動編』では，以下のように指摘されています（表Ⅲ-9）。

表Ⅲ-9　「他者の意図や感情の理解」に関する困難と指導例

障害	学習上又は生活上の困難	指導例
自閉症	言葉や表情，身振りなどを総合的に判断して相手の思いや感情を読み取り，それに応じて行動することが困難な場合がある。また，言葉を字義通りに受け止めてしまう場合もあるため，行動や表情に表れている相手の真意の読み取りを間違うこともある。	生活上の様々な場面を想定し，そこでの相手の言葉や表情などから，相手の立場や相手が考えていることなどを推測するような指導を通して，他者とかかわる際の具体的な方法を身に付ける。

（『解説自立活動編』，p.69を抜粋）

以上のように，「3　人間関係の形成 (2) 他者の意図や感情の理解」では，非言語コミュニケーションの基盤となる身体の変化を読み取る力や，そこから相手の意図を理解することができるように指導していくことが求められています。

3　教材開発・学習指導案づくりのポイント

　それでは，人間関係の形成につながる「他者の意図や感情の理解」は，どのような活動のなかで，人とどのようにかかわることが必要でしょうか。

　一つは，「言葉」がなくても，意思や意味が通じるということを理解する学習が必要だと考えます。自閉症の障害特性では，これまで「表情の読み取り」や「イントネーションや語勢によって意味が変わってくること」などを理解することが苦手であると言われてきました。また，身体的距離や姿勢（身体の動き）なども，意図や意味が変化する可能性があり，自立活動では，こうした非言語で伝わる点に注目して，人と関係を築く学習を展開することが必要です。

　この点については，「他者」の表情や姿勢をとらえることが苦手であるとともに，「自分」の表情や姿勢を変えて相手に気持ちを伝えることも苦手であると言えます。そのため，相手からの「受信」だけでなく，自閉症児本人からの「発信」についても指導していくことが重要です。

　もう一つは，相手の意図を曲解してとらえてしまうことも自立活動で指導するべき特性の一つです。これは，「字句通りに受け止めてしまう」という言い方で説明をするとわかりやすいかもしれません。たとえば，体育館を走っていた自閉症児が気になるものをみつけたので，走るのを突然やめて，気になったものをみようとしたときに，先生から「○○さん，急に止まってはいけません！」と注意を受けたとします。このとき，自閉症児は，教師が「急に」ということを強調していることがわからずに，「止まってはいけない」という点に注意が向いてしま

ったために，「僕はずっと走っていなければいけない」というように理解してしまいました。

　もともと，自閉症児は，こうした他者の意図を理解することが苦手であるので，この困難を改善・克服することは容易なことではありませんが，少しでも相手の意図を推測できるように始動していくことが自立活動で求められています。

他者の意図理解が苦手な自閉症児

4　教育活動全体を通じた自立活動の展開

展開例

〔気持ちを表現する方法を学ぶ自立活動〕

指導場面：日常生活全般（小学部）

困難場面：やりたいことや嫌なことを表情などで表現することが苦手であるので，活動に参加したいときや活動から離脱したい気持ちを相手に伝えることができない。

自立活動の方法

●活動の際に表情カードを使ってどのように参加したいのかを聞く。

●今の気持ちに一番近い表情を指さすことで，相手に今の気持ちを伝え，嫌な表情のときには参加を見合わせることも含めて話し合う。

今の気持ちは…

展開例

〔他者の意図を理解する力を育てる自立活動〕

指導場面：国語（高等部）

困難場面：状況や場面にそって人の気持ちを読み取ることが苦手なために，不用意な発言をして他者と関係をうまく築けないときがある。

国語のねらい

●簡単な物語を読み，叙述に沿って物語を読解する力を身に付ける。

●登場する何人かの人物の気持ちを考えて発表する。読み手によって，物語の感じ方・とらえ方が異なることを学ぶ。

自立活動の方法

●読み手である生徒は登場人物の気持ちと同じかどうか考える。

●登場人物に話しかけることができるとしたら，「どのように声をかけるか」を課題にする。

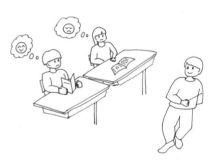

登場人物の心情を考える

5 時間における自立活動の指導

〔他者の意図理解につながる自立活動〕

活動名：ジェスチャークイズ（中学部）

自立活動のねらい

ジェスチャー（非言語表現）で相手が言おうとしていることを読み取ったり，相手に単語や文章を伝えることができるようにする。

自立活動の展開

●教師が単語／文章を生徒に見せて出題する。

●生徒は2チームに分かれて，出題された単語／文章をジェスチャーで表現する。

●解答者はジェスチャーで何を表現しているのかを考え，答える。

●制限時間内にいくつ解答できるかを競うとともに，解答できなかった単語／文章について，どのように表現すればよかったかを振り返る時間をとる。

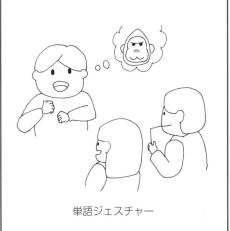

単語ジェスチャー

〔感情の理解につながる自立活動〕

活動名：ふきだしに気持ちを書こう（高等部）

自立活動のねらい

失敗したときや，嫌な気持ちになったときに，自分や他人の感情を理解し，その場にふさわしい言葉かけを考えることができる。

自立活動の展開

以下の場面をロールプレイをしながら，登場人物の感情をふまえて，ふきだしに入れる言葉を考える。

●自分の失敗で作業がやりなおしになった場面。

●途中で仕事が増えてしまい，終了時刻に終わらず残業することになった場面。

●休みたいのに休憩時間に話しかけてくる先輩に対して休ませてほしいと言う場面。

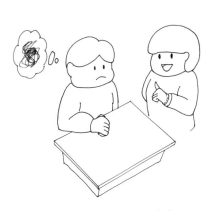

休憩時間に話しかけてくる先輩に
「休ませてほしい」と言う

8 自己の理解と行動の調整に関する自立活動

3　人間関係の形成
(3) 自己の理解と行動の調整

1　自立活動のねらい

　知的障害児・発達障害児の「人間関係の形成」は，「他者の意図や感情の理解」ができるようになったら，その理解を基礎にして，「自己の理解と行動の調整」に関することを指導していくことが必要となります。具体的に，『解説自立活動編』では，以下のようなねらいで実践することが挙げられています。

> 自分の得意なことや不得意なこと，自分の行動の特徴などを理解し，集団の中で状況に応じた行動ができるようにすること
> 　　　　　　　　　　　　　　　　　　　　　　　　　　　　　（『解説自立活動編』，p.70）

　このように，自分の「得意・不得意」や「できること・できないこと」を理解した上で，集団のなかで状況に応じて，どのように行動すればよいかを考え，実践することを指導することが，この項目の課題であると言えます。

2　知的障害児・発達障害児の困難の特徴と指導課題

　この項目では，単に自分の得意・不得意を整理して理解するというだけでなく，「様々な経験や他者との比較を通じて自己に対する知識やイメージを形成する」ことが求められています（『解説自立活動編』，p.70）。知的障害児や発達障害児は，「できなかった」という経験の記憶から自己イメージを否定的にもってしまうことも多く，それが集団への参加を難しくしている要因の一つでもあると考えられています。そのため，得意・不得意の認識をもつだけでなく，子どものこれまでの歴史（生活経験）をふまえた自己イメージを形成する指導が必要であると考えます。

　もちろん，この項目では，最終的な目標は集団のなかで自己の行動を調整していくことができる力を身に付けていくことです。そのため，集団への参加が可能になるような「自己のイメージ」を形成するとともに，集団参加を可能にする行動調整の方法を身に付けていくことも課題となります。この点をふまえ，知的障害児や発達障害児に関する学習上又は生活上の困難と指導例について，『解説自立活動編』では以下のようにまとめられます（表Ⅲ-10）。

表Ⅲ-10 「自己の理解と行動の調整」に関する困難と指導例

障害	学習上又は生活上の困難	指導例
知的障害	過去の失敗経験等の積み重ねにより，自分に対する自信がもてず，行動することをためらいがちになることがある。	本人が容易にできる活動を設定し，成就感を味わうことができるようにして，徐々に自信を回復しながら，自己に肯定的な感情を高めていく。
ADHD	衝動の抑制が難しかったり，自己の状態の分析や理解が難しかったりするため，同じ失敗を繰り返したり，目的に沿って行動を調整することが苦手である。	自分の行動とできごととの因果関係を図示して理解させたり，実現可能な目当ての立て方や点検表を活用した振り返りの仕方を学んだりして，自ら適切な行動を選択し調整する力を育てていく。
自閉症	自分の長所や短所に関心が向きにくいなど，自己の理解が困難な場合がある。また，「他者が自分をどうみているか」「どうしてそのような見方をするのか」など，他者の意図や感情の理解が十分でないことから，友達の行動に対して適切に応じることができない。	体験的な活動を通して自分の得意なことや不得意なことの理解を促したり，他者の意図や感情を考え，それへの対応方法を身に付けたりする指導をする。
	特定の光や音などにより混乱し，行動の調整が難しくなることがある。	光や音などの刺激の量を調整したり，避けたりするなど，感覚や認知の特性への対応に関する内容も関連付けて指導する。

（『解説自立活動編』，pp.70-71を抜粋）

3 教材開発・学習指導案づくりのポイント

　以上の点をふまえて，「3　人間関係の形成 (3) 自己の理解と行動の調整」に関する自立活動の教材開発・学習指導案づくりのポイントを整理すると，

●失敗経験等をどのようにとらえ，どのように前向きに活動するかについて学ぶこと

●集団に参加をするために必要な行動調整の方法を学ぶこと

の2点が課題となります。これらの指導は，「健康の保持」や「心理的な安定」においても同様の指導が含まれていますが，「人間関係の形成」として取り組むこの項目では，「集団への参加」という点が中心課題となります（「健康の保持」ではメンタルヘルスの向上，「心理的な安定」では感情・情緒の調整が中心課題です）。

　なお，この項目では，集団参加を困難にする要因として，感覚の過敏性（自閉症）や衝動的な行動（ADHD）などが挙げられています。この点についても，感覚入力等の調整については「環境の把握」で，衝動的な行動については「心理的な安定」でも指導することができます

が，この項目では，感覚や衝動（感情）を調整しながら，集団参加を可能にする指導を行うことが必要となります。

4　教育活動全体を通じた自立活動の展開

展開例	
〔成功体験を積み重ねる自立活動〕 **指導場面**：得意科目（中学部） **困難場面**：失敗経験が多いことから，何をやるにしても自信がなく，集団活動に参加できない場面が多かった。 **得意科目のなかでの指導** ●生徒がチャレンジしてみたいと思う課題を用意する。 ●生徒本人が「できた！」と実感できるように活動に参加し，周囲の大人が称賛する。 **自立活動（自己の理解と行動の調整）のねらい** ●一人で活動して「できた！」を実感することができたら，徐々に集団（二人以上）で活動して「できた！」を実感できるように進める。 ●自分ができなくても，みんなで取り組んでできたことを喜ぶことのよさを伝える活動をする。	 体育の授業でシュートができた！
〔集団参加の困難の背景に感覚過敏等がある場合の自立活動〕 **自立活動の（自己の理解と行動の調整）のねらい** ●感覚が過敏になりやすい集団学習場面を意識し，参加しやすい環境を整える。 　例：体育館で数人がボールをバウンドさせると音が大きくて，ボールゲームに参加できない。 　例：触覚過敏があるので，狭い空間に数人がいて，肌が触れ合う学習に参加できない。	 ヘッドホンで体育に参加

5 時間における自立活動の指導

展開例

〔衝動性をコントロールして集団に参加する自立活動〕

活動名：的当てゲームをしよう（小学部）

自立活動のねらい

ゲームをしていて負けそうになると怒り出したり，試合を壊して自分が負けないようにしてしまう児童に対して，「こういうこともある」と考えられるように教師がかかわり，最後までゲームに参加し，楽しめるようにする。

自立活動の展開

●衝動的な行動が出やすい児童が，比較的興味をもっているゲームを選択する。

●ゲームに最後まで参加することを約束し，怒り出したり，試合を壊そうとしたときに，どのように考え，ふるまえばよいかを児童と話す。

●授業では，基本的にゲームを楽しむことを中心に進めるが，対象児童が負けそうになったときに，気持ちの鎮め方を児童に思い出させ，少しずつできるように指導していく。

的当てゲームで負けそうになった！
→「どうするんだっけ？」

〔自己イメージを形成する自立活動〕

●上記の活動のあと（授業の最後に），児童に今日の自分の行動を振り返り，みんなとどのようにゲームに参加できたかをノートに書く。

●教師は，少しずつ衝動をコントロールして，みんなと活動できるようになっていることを児童に伝える。（「いつでも最後はみんなのゲームを壊していた自分」から「少しずつ最後までみんなと遊べるようになっている自分」へと変化している児童と話し合う。）

振り返りをノートに記入

1　自立活動のねらい

　知的障害児・発達障害児の「人間関係の形成」の最後の目標は，「集団への参加の基礎」を育てることになります。昨今，共同的な学習や対話的な学びが求められていますので，遊びや学びを問わず，あらゆる場面で集団に参加する力を育てることがますます求められています。この点をふまえて，『解説自立活動編』では，以下のようなねらいで実践することが挙げられています。

> 集団の雰囲気に合わせたり，集団に参加するための手順やきまりを理解したりして，遊びや集団活動などに積極的に参加できるようになること　　　　　（『解説自立活動編』, p.71）

　前節で「(3) 自己の理解と行動の調整」でも，最終的には集団参加につながる指導が必要であると述べましたが，この項目では，集団に参加できるように自己理解がベースになっていました。本節の「集団への参加の基礎」では，「集団の雰囲気に合わせる」とか，「集団参加のための手順やきまりを理解する」というように，子どもが集団の側に可能な範囲で合わせていく力を含めて指導していくことが必要です。

2　知的障害児・発達障害児の困難の特徴と指導課題

　以上のような力を身に付けるためには，「見たり聞いたりして情報を得る」など，「集団に参加するための手順やきまりを理解する」ことが必要になります（『解説自立活動編』, p.71）。しかし，特に発達障害児は，どこから情報を得ればよいのかわからないとか，情報を入手するためにどのように相手に尋ねたらよいのかわからないなど，「情報へのアクセスの仕方」に困難があります。また，不注意や多動性などの障害特性から，情報を与えてくれる人の話を最後まで聞くことができなかったり，重要箇所を聞き漏らしたりすることも考えられます。

　こうした子どもに対して，情報を得る方法や情報を理解するための方法を指導していくことが自立活動のねらいとなります。『解説自立活動編』では，具体的にこの項目に関する学習上又は生活上の困難と指導例として，以下の点が挙げられています（表Ⅲ-11）。

表Ⅲ-11 「集団への参加の基礎」に関する困難と指導例

障害	学習上又は生活上の困難	指導例
LD	言葉の意味理解の不足や間違いなどから，友達との会話の背景や経過を類推することが難しく，そのために集団に積極的に参加できないことがある。	日常的によく使われる友達同士の言い回しや，その意味することがわからないときの尋ね方などを，あらかじめ少人数の集団の中で学習する。
ADHD	説明を聞き漏らしたり，最後まで聞かずに遊び始めたりするためにルールを十分に理解しないで遊ぶ場合がある。また，ルールを十分に理解していても，勝ちたいという気持ちから，ルールを守ることができない場合がある。その結果，うまく遊びに参加することができなくなってしまうこともある。	ルールを少しずつ段階的に理解できるように指導したり，ロールプレイによって適切な行動を具体的に指導したりする。

（『解説自立活動編』，p.72を抜粋）

3 教材開発・学習指導案づくりのポイント

以上の点をふまえて，「3　人間関係の形成（4）集団への参加の基礎」に関する教材開発・学習指導案づくりのポイントを整理すると，

●相手の意図や意味を間違ってとらえたり，理解ができなかったりしたときに，聞き直したり，確認したりすることで，集団に参加できるように指導すること

●自分の振る舞いと社会のルールの間にどのようなギャップがあるのかを意識させることにより，ルールの理解や，ルールを守って行動できるように指導すること

の2点が中心的な課題になると考えます。

なお，上記の表においてもわかるように，学習指導要領では，この項目については，知的障害児の例は挙げられておらず，LDやADHDといった発達障害児の例が挙げられています。これは，この項目の目標を達成するとしたら，ある程度の社会のルールや集団の雰囲気を理解したり，察知したりすることができる認識能力が必要だからだと考えます。

つまり，この項目の指導では，社会のルールを理解することに主眼をおいた指導をするのではなく，ルールを理解できる力があるにもかかわらず，集団に参加できない子どもに対する指導をすることが求められているということです。そのため，集団参加に必要な情報の収集の方法や，自己と社会の間のギャップを理解できるような指導が求められていると考えます。

4 教育活動全体を通じた自立活動の展開

展開例

〔相手の話を正確に聴き取る力を育てる自立活動〕

指導場面：作業学習（清掃班）（高等部）

困難場面：作業開始前のミーティングで教師の指示や今日の作業の流れを聞き漏らすことが多いので，集団で分担して作業をする際に何をしてよいかわからなくなることがある。

作業学習（清掃班）のねらい

●責任をもって自分の役割を果たすことができる。

●担当エリア（窓や廊下）を清掃してきれいにすることができる。

自立活動（集団への参加の基礎）のねらい

●聞き漏らしがないか，指示を出したあとに，指示した内容を復唱させて理解できているかを確かめる。

●分担箇所を決める話し合いに参加することで，自分の分担を意識して集団活動に参加できるようにする。

モップをかける人と机を移動する人

〔話の聞き漏らしを防ぐための自立活動〕

上記の学習場面で，以下のような指導をする。

●指示を出すときに，「これから〇個，指示を出します」とか，「指示をまとめると，〜と〜です」など，生徒が指示を理解しやすいように，具体的に伝える。

●ミーティングの際に，メモをとりながら指示を聞くようにし，自分の役割などがわからなくなったときはメモをみるように指導する。

メモをとりながらミーティングに参加

5 時間における自立活動の指導

指導例

〔ルールを理解してみんなで楽しく遊ぶ自立活動〕

活動名：スリーヒントクイズ（中学部）

自立活動のねらい

制約（ルール）のあるなかで，ゲームの問題を作り，集団でルールを守って楽しく活動することができる

自立活動の展開

●ヒント三つで答えがわかる問題を作り，それをクラスメイトに出題して答えてもらう。

●問題を出すときは，ヒントを三つ言うことで相手が答えをみつけ出せるように考える。問題を解く側のときは，ヒントを三つ聞くまでは答えがわかっても発言しないようにする。

クイズ

指導例

〔自分と社会の感じ方の違いを意識する自立活動〕

活動名：許せる範囲を考えてみよう（高等部）

自立活動のねらい

自分と社会（他者）の感じ方を比べることで，自分ではよいと思っても，周囲の人は迷惑に感じていることがあることを理解する。

自立活動の展開

●以下の点を挙げることで，許せる範囲の行動と許せない行動について考える。

・遅刻は何分まで許せるか？

・許せる謝り方と許せない謝り方は？

・買い物を頼まれたときに，間違って買ってきても許せる範囲はどのくらいの間違いか？　など

●自分と社会（他者）の間のギャップを意識し，集団参加のための最低限のルールを考える。

（上記の話し合い活動は，授業の目的を再構成すれば，「道徳」でも実践できる。）

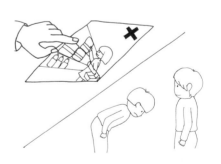

間違った買い物をした人を許す？

1　自立活動のねらい

　自立活動のなかで「環境の把握」は，主として視覚障害や聴覚障害など，環境から情報を入手することに困難を伴う感覚障害児に関する項目が多く含まれています。たとえば，聴覚障害児を想定して「補聴器等の装用により，保有する聴力を十分に活用していくための指導が必要である。さらに，場所や場面に応じて，磁気ループを用いた集団補聴システム，ＦＭ電波や赤外線を用いた集団補聴システム又はＦＭ補聴器等の機器の特徴に応じた活用ができるようにすることが大切である」と指摘されています（『解説自立活動編』，p.74）。

　ただし，(1) の項目については，知的障害児や発達障害児に特に該当する内容は見当たりません。「環境の把握」のなかでは，知的障害児や発達障害児に関する項目としては，「(2) 感覚や認知の特性についての理解と対応」があります。『解説自立活動編』では，この項目について，以下のようなねらいが挙げられています。

> 感覚や認知の特性を踏まえ，自分に入ってくる情報を適切に処理できるようにするとともに，特に自己の感覚の過敏さや認知の偏りなどの特性について理解し，適切に対応できるようにすること
>
> （『解説自立活動編』，p.75）

　ここからわかることは，知的障害児や発達障害児の「環境の把握」に関する指導は，（視覚や聴覚に一次的な障害があるわけではないので）感覚の入力そのものを支援したり，補償したりする内容ではなく，感覚を入力したあとの情報処理に関する困難を改善・克服することが必要であるということです。特に，感覚過敏や認知の偏りなどが知的障害児や発達障害児の障害特性として取り上げられ，そこから生じる困難への対応が，「環境の把握」に関する指導の中心となります。

2　知的障害児・発達障害児の困難の特徴と指導課題

　以上のような自立活動の指導課題は，感覚や認知に関する困難をとらえるところからはじめる必要があります。『解説自立活動編』では，感覚を「身体の内外からの刺激を目，耳，皮膚，

鼻などの感覚器官を通してとらえる働き」ととらえていて，認知を「感覚を通して得られる情報を基にして行われる情報処理の過程であり，記憶する，思考する，判断する，決定する，推理する，イメージを形成するなどの心理的な活動」ととらえています（『解説自立活動編』，p.75）。自立活動の指導では，こうした諸感覚の働きや，その感覚を基にした情報処理過程（特に記憶，思考，判断，決定，推理，イメージ形成など）について取り上げ，そこから生じる困難を取り除いていくことが自立活動で求められます。

　この項目に関する具体的な学習上又は生活上の困難と指導例については，以下のようにまとめられます（表Ⅲ-12）。

表Ⅲ-12 「感覚や認知の特性についての理解と対応」に関する困難と指導例

障害	学習上又は生活上の困難	指導例
自閉症	聴覚の過敏さのため特定の音に，また，触覚の過敏さのため身体接触や衣服の材質に強く不快感を抱くことがある。それらの刺激が強すぎたり，突然であったりすると，感情が急激に変化したり，思考が混乱したりすることがある。	不快である音や感触などを自ら避けたり，幼児児童生徒の状態に応じて，音が発生する理由や身体接触の意図を知らせるなどして，それらに少しずつ慣れていったりするように指導する。
ADHD	注意機能の特性により，注目すべき箇所がわからない，注意持続時間が短い，注目する対象が変動しやすい。	注目すべき箇所を色分けしたり，手で触れるなど他の感覚も使ったりすることで注目しやすくしながら，注意を持続させることができることを実感し，自分に合った注意集中の方法を積極的に使用できるようにする。
LD	視知覚の特性により，文字の判別が困難になり，「め」と「ぬ」を読み間違えたり，文節を把握することができなかったりする。	本人にとって読み取り易い書体を確認したり，文字間や行間を広げたりして負担を軽減しながら新たな文字を習得していく方法を身に付ける。

（『解説自立活動編』，pp.75-76を抜粋）

3　教材開発・学習指導案づくりのポイント

　以上の点をふまえて，知的障害児や発達障害児の困難を改善・克服する自立活動の教材や授業を考えるためには，「感覚」と「認知」の特性をふまえた指導が必要になります。

　たとえば，感覚に関して言うと，『解説自立活動編』では，「ある幼児児童生徒にとって不快な刺激も，別の幼児児童生徒にとっては快い刺激である場合もある。したがって，個々の幼児児童生徒にとって，快い刺激は何か，不快な刺激は何かをきめ細かく観察して把握しておく必

要がある」と述べられています。この刺激については、「不足する感覚を補うため、身体を前後に動かしたり、身体の一部分をたたき続けたりして、自己刺激を過剰に得ようとする」こともあります。こうした場合には、「ブランコ遊び」を通して、「自己刺激のための活動と同じような感覚が得られる他の適切な活動に置き換えるなどして、幼児児童生徒の興味がより外に向かい、広がるような指導をすることが大切である」と述べられています（『解説自立活動編』、pp.75-76)。

　一方で、認知（情報処理過程）の困難については、「聴覚からの情報は理解しにくくても、視覚からの情報の理解は優れている場合がある」など、優位な感覚を認知に利用するといった対応が挙げられています。たとえば、LD児は、「書かれた文章を理解したり、文字を書いて表現したりすることは苦手だが、聞けば理解できたり、図や絵等を使えば効率的に表現することができたりする」と考えられています。そこで、自立活動では、「本人が理解しやすい学習方法を様々な場面にどのように用いればよいのかを学んで、積極的に取り入れていくように指導すること」や、「見やすい書体や文字の大きさ、文字間や行間、文節を区切る、アンダーラインを引き強調する」などの工夫をすることが挙げられています（『解説自立活動編』、p.76)。

　このように、「認知の特性に応じた指導方法を工夫し、不得意なことを少しずつ改善できるよう指導するとともに、得意な方法を積極的に活用するよう指導すること」が大切であると言えます（『解説自立活動編』、p.76)。

4　教育活動全体を通じた自立活動の展開

展開例

〔感覚刺激を楽しむ遊びの自立活動〕
指導場面：遊びの指導（小学部）
困難場面：大好きな刺激を強く求め、暇な時間はジャンプなどをずっとやっている。嫌な学習活動のときに、ジャンプをはじめて学習に参加しないことが増えてきた。
遊びの指導のねらい
●ハンモックやトランポリンなど、大好きな感覚刺激を楽しめる活動を用意して、以下のねらいを達成する。
・自分の好きな遊びを選ぶことができる。
・友達と一緒に遊ぶことができる。　　等

ハンモックを楽しむ

自立活動のねらい
●上記の活動を通して，感覚刺激を楽しみながら，いろいろな遊びに興味を広げていくことができる。
●同じ遊びに固執するのではなく，教師からの働きかけで違う感覚遊びに移っていくことができる。

5 時間における自立活動の指導

指導例

〔自分に合った書体や配色を知る自立活動〕

活動名：読みやすい広告を作ろう（中学部）

自立活動のねらい

自分にとって見やすい書体や色を見つけ，メモやノートをとるときに活用できるようにする。

自立活動の展開

●フォントや色・配置を変えると見やすさが変わることを学ぶ（自分にとって見やすい色やフォントがあることを知る）。
●スーパーや家電量販店の広告を見比べて，自分にとって一番見やすいお店を選ぶ。
●見にくい広告の一部を取り上げ，品物の写真や値段の配置場所・文字の色・書体を変えて，見やすい広告に作り直す。
●メモやノートをとるときに，メモ用紙などにどのように書くか（何色がよいかを含む）などを考える。

タブレットで広告作り

1　自立活動のねらい

　「環境の把握」においては，感覚や認知の困難を別の手段で補うことが考えられます。これは，視覚障害児が「小さな文字など細かなものや遠くのものを読み取ることが難しい」場合に，「遠用・近用などの各種の弱視レンズや拡大読書器などの視覚補助具，タブレット型端末などを効果的に活用」するということが特徴的なことです（『解説自立活動編』，p.77）。

　こうした自立活動での指導のうち，タブレットの活用については，知的障害児・発達障害児の困難にも使えるものだと考えます。これらは，『解説自立活動編』では，「4　環境の把握(3) 感覚の補助及び代行手段の活用」に以下のようなねらいで示されています。

> 保有する感覚を用いて状況を把握しやすくするよう各種の補助機器を活用できるようにしたり，他の感覚や機器での代行が的確にできるようにすること　　　　（『解説自立活動編』，p.77）

　また，以上のような代替手段を様々な場面で総合的に活用することができるような指導も必要です。この点については，『解説自立活動編』では，次のようなねらいとして書かれています。

> いろいろな感覚器官やその補助及び代行手段を総合的に活用して，情報を収集したり，環境の状況を把握したりして，的確な判断や行動ができるようにすること
>
> 　　　　　　　　　　　　　　　　　　　　　　　　　　　　　（『解説自立活動編』，p.79）

2　知的障害児・発達障害児の困難の特徴と指導課題

　このように，感覚の補助手段及びその総合的活用をはかる自立活動を展開することが求められていますが，これは，知的障害児や発達障害児でも同様に必要な項目となっています。具体的な学習上又は生活上の困難及び指導例をまとめると次のようになります（表Ⅲ-13；表Ⅲ-14）。

表Ⅲ-13 「感覚の補助及び代行手段の活用」に関する困難と指導例

障害	学習上又は生活上の困難	指導例
自閉症	聴覚に過敏さがみられ，特定の音を嫌がることがある。	自分で苦手な音などを知り，音源を遠ざけたり，イヤーマフやノイズキャンセルヘッドホン等の音量を調節する器具を利用したりするなどして，自分で対処できる方法を身に付けるように指導する。また，その特定の音が発生する理由や仕組みなどを理解し，徐々に受け入れられるように指導する。
	聴覚過敏のため，必要な音を聞き分けようとしても，周囲の音が重なり聞き分けづらい場合がある。	音量を調節する器具の利用等により，聞き取りやすさが向上し，物事に集中しやすくなることを学べるようにし，必要に応じて使い分けられるようにする。

(『解説自立活動編』，p.78を抜粋)

表Ⅲ-14 「感覚を総合的に活用した周囲の状況についての把握と状況に応じた行動」に関する困難と指導例

障害	学習上又は生活上の困難	指導例
知的障害	自分の身体に対する意識や概念が十分に育っていないため，ものや人にぶつかったり，簡単な動作をまねすることが難しい。	粗大運動や微細運動を通して，全身及び身体の各部位を意識して動かしたり，身体の各部位の名称やその位置などを言葉で理解したりするなど，自分の身体に対する意識を高めながら，自分の身体が基点となって位置，方向，遠近の概念の形成につなげられるように指導する。
LD	視知覚のみによって文字を認識してから書こうとすると，目と手の協応動作が難しく，意図している文字がうまく書けないことがある。	腕を大きく動かして文字の形をなぞるなど，様々な感覚を使って多面的に文字を認識し，自らの動きを具体的に想像してから文字を書くことができるような指導をする。

(『解説自立活動編』，pp.79-80を抜粋)

3 教材開発・学習指導案づくりのポイント

　以上のような困難と指導例をふまえると，知的障害児や発達障害児の自立活動では，感覚過敏等の困難に対して代替手段を単に使うだけでなく，必要な場面で，自分で適切な手段を選んで使用していくことができるように指導していくことが求められます。

　この点について，『解説自立活動編』では，「障害の状態や発達の段階，興味・関心等に応じて，将来の社会生活等に結び付くように補助及び代行手段の適切な活用に努める」と示されています（『解説自立活動編』，p.78）。その上で，「視覚，聴覚，触覚などの保有するいろいろな感覚やその補助及び代行手段を総合的に活用して，周囲の状況を的確に把握できるようにする」ことが求められます（『解説自立活動編』，p.80を抜粋）。

4 教育活動全体を通じた自立活動の展開

展開例

〔感覚と認知を結び付ける自立活動〕

指導場面：体育（高等部）

困難場面：身体に対する意識が不十分であるので，隣の人とぶつからないように運動をするのが難しい。日常生活でも，狭い場所でよく体を周囲のものにぶつけている。

体育（器械運動）のねらい

●マットや跳び箱を使った運動ができる。

●自分の運動をしている様子をみて，どのように体を動かせばうまく器械体操ができるのかを考えることができる。

自立活動（環境の把握）のねらい

●自分の手や足を広げるとどのくらいの範囲まで広がるのかなど，空間のなかに身体がどのように動いているのかをイメージさせる。

●自分と他人の身体の動きを想像して，どのくらい距離を空ける必要があるのかを考えさせる。

体育館で準備運動

5 時間における自立活動の指導

展開例

〔身体－感覚を意識して動く自立活動〕

活動名：ぶつからないで車を動かそう（小学部）

自立活動のねらい

自分の身体を意識して，みえている障害物を避けながら動くことができる。

自立活動の展開

●段ボールで車を作り，児童はその中に入ってコースを運転する。

●コースのなかに狭い道・カーブ・駐車場などを作り，コースから外れないように運転する。

●コースから外れたり，障害物にぶつかると音を鳴らすなどして，自分と周囲の感覚を調整しながら注意して運転するように指導する。

段ボール車を運転

展開例

〔感覚と認知を結び付ける自立活動〕

活動名：ボックスの中のものは何だ？（中学部）

自立活動のねらい

触覚を頼りに，ものや手のひらに書かれた文字を予想することで，感覚から認知（状況の把握）ができるようにする。

自立活動の展開

●中が見えない箱を用意し，箱の中に入っているもの（ペットボトル・筆箱など生徒に馴染みのあるもの）を触わって，ものの名前を当てる。

●中が見えない箱に生徒が手を入れ，その手に教師が指で文字を書き，何の文字を書いたかを当てる。

これは何かな？

12 認知や行動の手掛かりとなる 概念の形成をはかる自立活動

4　環境の把握
(5) 認知や行動の手掛かりとなる概念の形成

1　自立活動のねらい

　これまでの節で見てきたように，知的障害児・発達障害児の「環境の把握」では，感覚の入力そのものに大きな困難があるわけではありませんが，感覚を入力した後の情報処理過程で困難が生じ，その困難を改善・克服するための指導が必要です。この項目では，その困難に対する改善・克服の方策として，「(5) 認知や行動の手掛かりとなる概念」を形成することが目標となります。この点について，『解説自立活動編』では，具体的に以下のようなねらいが挙げられています。

> ものの機能や属性，形，色，音が変化する様子，空間・時間等の概念の形成を図ることによって，それを認知や行動の手掛かりとして活用できるようにすること
>
> (『解説自立活動編』，p.81)

　これは，子どもが環境を認知するための概念をもつことで，理解できない状況や場面を乗り切ることができるように指導していくことが求められます。

2　知的障害児・発達障害児の困難の特徴と指導課題

　こうした概念の形成は，国語や算数・数学の課題とは異なります。すなわち，「形，色，音が変化する様子」を認識するための空間・時間等の概念を形成するといっても，それはあくまでも「環境の把握」が難しい障害特性を補うためのものです。たとえば，（算数・数学の授業で）「時計を見て何時何分であるか」が理解できるように育てていくこととは異なり，自立活動では，「時間」という概念をもつことで「活動の流れ（環境の変化）」を把握することができるようにするというものです。

　そのため，自立活動で指導するべきことは，「認知や行動の手掛かりとなる概念」として「時間」を理解するということです。たとえば，アナログ時計では活動の先の見通しをもつことが難しい知的障害児に対して，砂時計やタイムタイマーなどの「終わりの時間がわかりやすい計測器」を導入するなどが考えられます。

この項目に関する知的障害児や発達障害児の具体的な学習上又は生活上の困難及び指導例は，以下のようにまとめられます（表Ⅲ-15）。

表Ⅲ-15 「認知や行動の手掛かりとなる概念の形成」に関する困難と指導例

障害	学習上又は生活上の困難	指導例
知的障害	概念を形成する過程で，必要な視覚情報に注目することが難しかったり，読み取りや理解に時間がかかったりすることがある。	興味・関心のあることや生活上の場面を取り上げ，実物や写真などを使って見たり読んだり，理解したりすることで，確実に概念の形成につなげていくよう指導する。
自閉症	「もう少し」「そのくらい」「大丈夫」など，意味内容に幅のある抽象的な表現を理解することが困難な場合があり，指示の内容を具体的に理解することが難しい。	指示の内容や作業手順，時間の経過等を視覚的に把握できるように教材・教具等の工夫を行うとともに，手順表などを活用しながら，順序や時間，量の概念等を形成できるようにする。
	興味のある事柄に注意が集中する傾向があるため，結果的に活動等の全体像が把握できないことがある。	一部分だけでなく，全体を把握することが可能となるように，順序に従って全体を把握する方法を練習する。
ADHD 自閉症	活動に過度に集中してしまい，終了時刻になっても活動を終えることができないことがある。	活動の流れや時間を視覚的にとらえられるようなスケジュールや時計などを示し，時間によって活動時間が区切られていることを理解できるようにしたり，残り時間を確認しながら，活動の一覧表に優先順位をつけたりするなどして，適切に段取りを整えられるようにする。
LD	左右の概念を理解することが困難な場合があるため，左右の概念を含んだ指示や説明を理解することがうまくできず，学習を進めていくことが難しい。	様々な場面で，見たり触ったりする体験的な活動と「左」や「右」という位置や方向を示す言葉と関連付けながら指導して，基礎的な概念の形成を図る。

（『解説自立活動編』, p.82を抜粋）

3 教材開発・学習指導案づくりのポイント

この項目に関する自立活動の教材開発や授業づくりは，環境を的確に把握し，学習上又は生活上の困難を回避したり，適応的に受け止めたりすることができる「概念」を形成するという

ことです。ただし，「環境の把握」という側面は，教師からある概念を教わり，それをもとに「考え方」を身に付けるという指導では不十分です。それは，子どもたちにとっては，現在の環境は何ら新しいものではなく，これまでの経験によって「感じ方」が固定されているものだからです。

　この点について，『解説自立活動編』でも，「これまでの自分の経験によって作り上げてきた概念を，自分が新たに認知や行動を進めていくために活用する。極めて基礎的な概念を指しているが，常時行われる認知活動によって更にそれが変化し，発達に即した適切な行動を遂行する手掛かりとして，次第により高次な概念に形成されるように指導する」と述べられています（『解説自立活動編』，p.81）。以上のように，「環境の把握」に関連する「概念の形成」をねらった指導とは，自分の周囲の環境が十分に把握できずに混乱している状況を整理したり，理解できるようにするための教材及び授業展開が求められます。

4　教育活動全体を通じた自立活動の展開

展開例

〔活動の終わりがわかるタイマーを活用した自立活動〕

指導場面：各教科の指導（小学部）

困難場面：課題を与えられると，いつ終わりになるのかがわからないので，ずっとその課題をやらないといけないと思い，イライラして課題ができなくなることがある。

自立活動のねらい

●各教科の課題や流れを説明したあと，児童の前にタイムタイマーを設置し，児童に「タイマーの時間がなくなったらおしまい」と伝える。

●タイマーの残りの時間を見て，課題をあといくつやるかを児童と相談し，教科学習を進める。

〈タイマーの使い方〉

・タイマーを設定していくつかの課題に取り組む。

・授業の終わりの時間がわかるようにタイマーを使う。

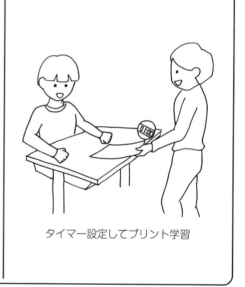

タイマー設定してプリント学習

5 時間における自立活動の指導

指導例

〔生活の流れがイラストでわかる自立活動〕

活動名：スケジュールボードの使い方を学ぶ（小学部）

自立活動のねらい

スケジュールボードの意味について理解し，ボードに示された流れで進んでいくことを学ぶ。

自立活動の展開

●10分くらいの短い時間のなかに児童が好きな活動を3つ用意し，その活動のイラストをスケジュールボードに貼る。

●イラストが貼り付けられている順番で活動を楽しむ。
（慣れてきたら，自分でイラストを選び，順番を考えて，スケジュールボードを作る。）

スケジュールボード順に活動

指導例

〔時間・空間を把握する概念を学習する自立活動〕

活動名：巨大ふくわらい（中学部）

自立活動のねらい

「もう少し右に置いて」など，多少わかりにくい表現でも位置を考えてものを置くことができる。

自立活動の展開

●模造紙の大きさのふくわらいを実施する。

●目隠しをした生徒は，その他の生徒から目や鼻を貼る位置を言葉で伝えてもらう。

●「もう少し」「そのくらい」など，あいまいな表現の中で目や鼻を貼る位置を調整する。

●完成したふくわらいを見て，「もう少し」「そのくらい」など，あいまいな表現を使いながら，目や鼻を貼る位置を微調整する。

巨大ふくわらい

13 日常生活に必要な姿勢保持と基本動作を身に付ける自立活動

5　身体の動き
(1) 姿勢と運動・動作の基本的技能・(3) 日常生活に必要な基本動作

1　自立活動のねらい

　自立活動の「身体の動き」に関する内容は，日常生活や学習活動を行うために必要な「姿勢を維持する力」や「歩行（移動能力）」などの粗大運動に加えて，細かい運動動作を行うための手指の動き（微細運動）も含まれます。これらは，『解説自立活動編』「(1) 姿勢と運動・動作の基本的技能」「(3) 日常生活に必要な基本動作」として，以下のようにねらいが挙げられています（なお，「(2) 姿勢保持と運動・動作の補助的手段の活用」に関することについては，立位や座位が保持できない肢体不自由児に対する自立活動的な対応が述べられている項目であるので，本書では割愛しました）。

「(1) 姿勢と運動・動作の基本的技能」のねらい

> 日常生活に必要な動作の基本となる姿勢保持や上肢・下肢の運動・動作の改善及び習得，関節の拘縮や変形の予防，筋力の維持・強化を図ること　　　　（『解説自立活動編』，p.84）

「(3) 日常生活に必要な基本動作」のねらい

> 食事，排泄，衣服の着脱，洗面，入浴などの身辺処理及び書字，描画等の学習のための動作などの基本動作を身に付けることができるようにすること　　（『解説自立活動編』，pp.86-87）

　もしかしたら，知的障害児や発達障害児は基本的に立って歩くことができる子どもが多いので，上記のような「身体の動き」に関する自立活動の指導は必要ないと考える教師もいるかもしれません。しかし，すべての子どもではありませんが，姿勢の保持が苦手であるために，転びやすかったり，文字をまっすぐ書くことが難しい子どもがいます。

　また，姿勢の悪い状態で学習する時間が長くなると，（決して身体障害の診断を受けていなくても）中学部や高等部で「側わん」傾向になるなど，身体的にケアが必要な子どももいます。こうした子どもに対しては，自立活動の「身体の動き」を意識して，小学部から適切な指導を提供していくことが重要です。

2 知的障害児・発達障害児の困難の特徴と指導課題

　それでは，知的障害児や発達障害児に対して，具体的にどのような指導が必要でしょうか。『解説自立活動編』では，「姿勢（臥位，座位，立位）の保持」と「上肢・下肢の運動・動作を含めて基本動作（姿勢保持，姿勢変換，移動，四肢の粗大運動と微細運動）」に着目し，指導するとなっていますが，これらの課題をそのまま訓練してできるようにするのではなく，楽しい活動のなかで取り組み，最終的には生活で活用できる身体の動きにしていくことが重要です（『解説自立活動編』，p.84）。

　知的障害児や発達障害児に対する具体的な困難と指導例は，以下のように挙げられています（表Ⅲ-16／表Ⅲ-17）。

表Ⅲ-16 「姿勢と運動・動作の基本的技能」に関する困難と指導例

障害	学習上又は生活上の困難	指導例
ADHD	身体を常に動かしている傾向があり，自分でも気付かない間に座位や立位が大きく崩れ，活動を継続できなくなってしまうことがある。	身体を動かすことに関する指導だけでなく，姿勢を整えやすいような机やいすを使用することや，姿勢保持のチェックポイントを自分で確認できるような指導を行う。

（『解説自立活動編』，p.85を抜粋）

表Ⅲ-17 「日常生活に必要な基本動作」に関する困難と指導例

障害	学習上又は生活上の困難	指導例
知的障害	衣服の着脱におけるボタンの着脱やはさみなどの道具の操作などが難しいことがある。	興味や関心がもてる内容や課題を工夫し，使いやすい適切な道具や素材に配慮する。
LD	鉛筆の握り方がぎこちなく過度に力が入りすぎてしまうこと，筆圧が強すぎて行や枠からはみ出てしまうこと等，手や指先を用いる細かい動きのコントロールが苦手。	自分の苦手な部分を申し出て，コンピュータによるキーボード入力等で記録することや黒板を写真に撮ること等，ICT 機器を用いて書字の代替を行う。
	上手く取り組めないことにより焦りや不安が生じて，余計に書字が乱れてしまうことがある。	本人の使いやすい形や重さの筆記用具や滑り止め付き定規等，本人の使いやすい文具を用いることにより，安心して取り組めるようにした上で指導する。

（『解説自立活動編』，pp.87-88を抜粋）

このほかに，知的障害児や発達障害児の「身体の動き」に関する困難には，「目と手指の協応動作の困難さや巧緻性，持続性の困難さ」が挙げられます。また，「認知面及び運動面の課題」から上手く身体を動かすことができなかったり，「日常生活場面等における経験不足」なども考えられます（『解説自立活動編』，p.87）。これらの点を総合的にみて，知的障害児や発達障害児の「身体の動き」に関する自立活動を展開していく必要があります。

3　教材開発・学習指導案づくりのポイント

　以上の点をふまえて，知的障害児や発達障害児の「身体の動き」に関する自立活動では，課題の難易度を考慮しながら，「道具等の使用に慣れていけるよう，興味や関心がもてる内容や課題を工夫し，使いやすい適切な道具や素材に配慮すること」が挙げられています。具体的には，「衣服の着脱では，ボタンはめの前にボタン外しから取り組むことや，ボタンや穴の大きさを徐々に小さくすること，はさみを使用する際には，切る長さを徐々に長くしたり，直線から曲線など切る形を変えたりすることなどの日常生活に必要な基本動作を指導する」というように指摘されています（『解説自立活動編』，p.87）。

　このように，知的障害児や発達障害児の「身体の動き」に関する自立活動の教材開発・学習指導案づくりでは，姿勢と動作を補助するための道具の工夫をしながら，生活や学習活動に寄与する基本動作の獲得を指導していくことがポイントであると考えます。

4　教育活動全体を通じた自立活動の展開

展開例

〔姿勢保持や日常生活動作を補助する自立活動〕
指導場面：日常生活の指導（着席・衣服着脱等）（小学部）
困難場面：椅子に座ったときの姿勢が保てなかったり，靴を履くときに，靴に入れる足と靴のかかとを手で引く動作がうまくできないために一人で靴が履けない。
日常生活の指導（着席・衣服着脱等）のねらい
●姿勢よく前を見て人の話を聞くことができる。
●靴の着脱を含めた衣服の着脱が一人でできる。
これらのねらいを達成するなかで，登校してから朝の会まで，自分でできることを増やす。
自立活動（身体の動き）のねらい
●椅子の座面のどこにお尻を置いたらよいかがわかるように，座面に線を引く。また，背もたれに背中を付け

お尻を置くラインを引いた椅子

かかとに紐がついた靴

るように声かけして意識させる。
●靴のかかとに紐をつける。靴を履くときは，その紐を
　引っ張りながら靴に足を入れるように指導する。

5　時間における自立活動の指導

指導例

〔力の加減を調整する自立活動〕

活動名：アートギャラリーをつくろう（中学部）

自立活動のねらい

いろいろな筆記具を使って，いろいろな素材に絵や文字
を書き，力の加減ができるようにする。

自立活動の展開

●簡単なイラストやマークなどを用意し，書きたいもの
　を生徒に選んでもらう。また，その絵をどの筆記具で
　描くかについても考える。

〈筆記具の例〉

・鉛筆（HBから４Bまで濃さの違うものを用意）。

・クレヨン（力を入れすぎるとつぶれる素材）。

・絵具と筆（細い線と太い線を書き分ける）。　　等

●やわらかい素材と硬い素材があることを理解した上で，
　どの素材に描くか考える。

〈描く素材の例〉

・紙（表面がツルツルのものとザラザラなもの）。

・粘土（ペンやヘラで線を掘って表現する）。

・布（片手で布を押さえて，もう片方の手でしっかり色
　を塗る）。

●力を加減しながら，イラストやマークを書き，アート
　に仕上げて展示する。

布に絵の具で絵を描く

14 作業に必要な動作を身に付ける自立活動

5 身体の動き
(5) 作業に必要な動作と円滑な遂行

1 自立活動のねらい

知的障害児・発達障害児の「身体の動き」は,「ぎこちない動き」そのものに着目するだけでなく,「動き」が組み合わさって,作業や活動に有効なものとなるかどうかも重要な点です。この点をふまえて,『解説自立活動編』では,以下のようなねらいで実践することが挙げられています。

> 作業に必要な基本動作を習得し,その巧緻性や持続性の向上を図るとともに,作業を円滑に遂行する能力を高めること　　　　　　　　　　　　　　　　　（『解説自立活動編』, p.90)

2 知的障害児・発達障害児の困難の特徴と指導課題

以上のような能力を高める自立活動の指導では,単に姿勢を保持できることだけでなく,上肢(特に,手や指先)を使って基本的な動作ができることが課題となります。『解説自立活動編』では,「両手の協応」「目と手の協応」「正確さや速さ,持続性の向上」を意図して指導することが必要であると述べられていますが,発達障害・知的障害に関する具体的な学習上又は生活上の困難の例は,以下のようにまとめられます（表Ⅲ-18)。

表Ⅲ-18 「作業に必要な動作と円滑な遂行」に関する困難と指導例

障害	学習上又は生活上の困難	指導例
ADHD	注意の持続の困難さに加えて,目と手の協応動作や指先の細かい動き,体を思った通りに動かすこと等が上手くいかないことから,身の回りの片付けや整理整頓等を最後まで遂行することが苦手である。	身体をリラックスさせる運動やボディーイメージを育てる運動に取り組みながら,身の回りの生活動作に習熟する。
自閉症	自分のやり方にこだわりがあったり,手足を協調させてスムーズに動かしたりすることが難しい。教師が示す手本を自ら模倣しようとする意識がもてないことがある。その結果,作業に必要な巧緻性が十分育ってい	作業のやり方へのこだわりを和らげたり,幼児児童生徒と教師との良好な人間関係を形成し,幼児児童生徒が主体的に指導者の示す手

78

	ない。	本を模倣しようとする気持ちを育てる。
知的障害	細かい手先を使った作業の遂行や持続が難しい。また，自分の身体の各部位への意識が十分に高まっていないことや，両手や目と手の協応動作の困難さ，巧緻性や持続性の困難さなど，認知面及び運動・動作面の課題，あるいは日常生活場面等における経験不足がある。	手遊びやビーズなどを仕分ける活動，ひもにビーズを通す活動などを楽しく取り組む。

（『解説自立活動編』，pp.90-91を抜粋）

　以上のように，「(5) 作業に必要な動作と円滑な遂行」に関する知的障害・発達障害児に有する困難として，「指先の巧緻性」や「目と手の協応」という点が挙げられます。この点を克服・改善するためには，手遊びやひも通しなどの作業を楽しく行うことが必要です。また，作業を遂行するために自分の身体をどのように動かすのかをイメージすることができるように指導することも必要であると考えられています。自立活動では，こうした点をふまえた教材開発や学習指導案づくりが求められます。

　ただし，これらの指導は，自立活動では他の柱と連動するものでもあります。たとえば，「目と手の協応」は，「見え方」に困難がある子どももいると思われます。こうしたケースでは，単に「よく見て，手を動かす」という指導では，学習上又は生活上の困難を改善することができません。そうではなく，「見え方」そのものを取り上げて，自立活動の指導を展開することが必要です。これは，「環境の把握」と連動させて，「身体の動き」を指導していかなければならないということです。

　もちろん，作業の遂行のために，「姿勢や作業の持続性などについて，自己調整できる」ように指導する場合には，単に「身体の動き」の問題だけではなく，集中力や意欲といった心理面の課題が関係している可能性もあります。この場合には，「心理的安定」や「人間関係の形成」についても自立活動で取り組み，心理面と身体面の両方から困難の克服・改善をはかることが必要です。

3　教材開発・学習指導案づくりのポイント

　以上の点をふまえて，「(5) 作業に必要な動作と円滑な遂行」に関する自立活動の教材開発・学習指導案づくりのポイントを整理すると，「動き」を引き出し，練習することができる学習活動を用意し，それを「作業」のなかに組み入れられるように指導することが必要です。

　たとえば，手の巧緻性を高めようと，「ひもにビーズを通す活動」を繰り返し行わせるだけでは，作業のなかで活用する力にならない可能性があります。なぜなら，「ひもにビーズを通す活動」を行う場合には，「両手の親指と人差し指でひもやビーズをつかむ」とともに，「両手

の位置を同じ高さで保持する」ことなど，単に「ビーズを通すことができたかどうか」が重要なわけではないからです。

　そのため，教材を選択する際にも，どのくらいの大きさのビーズをどのくらいの太さのひもに通し，その作業が一連の活動のなかにどのように位置付くのかを考えることが重要となります。また，学習指導案づくりにおいても，「ビーズを通すことができたか？」ということが評価規準となるのではなく，「手の位置」や「つまみ方」を子ども自身がどのくらい意識して活動できたか，という点を留意することが重要となります。

4　教育活動全体を通じた自立活動の展開

展開例

〔巧緻性を高めることにつながる自立活動〕

指導場面：日常生活の指導（着替え）（小学部）

困難場面：衣服を着替える際に，親指と人差し指をうまく使うことができないので，ボタンを穴に通すことが苦手。

日常生活の指導（着替え）のねらい

●自分で衣服の着脱ができる。

●脱いだ服をたたんでしまうことができる。　　等

自立活動（身体の動き）のねらい

●親指と人差し指でボタンをつまむことができる。

●ボタンをつまんで服に通すことができる。　　等

ボタンをはずす

展開例

〔目と手の協応動作の向上につながる自立活動〕

指導場面：美術（貼り絵）（中学部）

困難場面：色を塗ったり，切ったものを貼り付けたりするときに枠から大きくはみ出してしまう。

美術（絵画）のねらい

●自分でイメージした絵の構成になるように，切ったものを工夫して貼り付けようとする。　　等

自立活動（身体の動き）のねらい

●貼り付ける活動のときに，枠線を太く書き，枠線に左手を当てて貼るよう指導する。　　等

切ったものを貼る

5 時間における自立活動の指導

指導例

〔巧緻性を高めることにつながる自立活動〕

活動名：カラービーズ飾りを作ろう（中学部）

自立活動のねらい

両手をうまく操作して，少し大きめのビーズをひもに通すことができる。

自立活動の展開

●指輪より少し大きいサイズのビーズを用意する（ひもやビーズはいろいろな色を用意する）。

●ネックレスや部屋の飾りになるようなカラービーズ飾りを生徒が考えて作る。

カラービーズ飾りを作る

指導例

〔目と手の協応動作の向上につながる自立活動〕

活動名：手遊び（小学部低学年）

自立活動のねらい

タイミングよく両手を合わせたり，操作することができる。

自立活動の展開

●「むすんでひらいて」（歌に合わせてグー・パーの手の動きを練習する）。

●「トントントントントンひげじいさん」（歌に合わせて両手のグーを合わせる）。

●「ずいずいずっころばし」（指で作った輪のなかに人差し指を入れる）。

●「アルプス一万尺」（自分の手と相手の手を交互に合わせる／自分の右手と相手の左手など，腕を交差しても手を正確に出せる）。

ずいずいずっころばし

15 「言葉」の前のコミュニケーション能力を育てる自立活動

6 コミュニケーション
(1) コミュニケーションの基礎的能力

1 自立活動のねらい

コミュニケーションとは，意思や感情などを相互に伝え合うことであり，自立活動の内容「コミュニケーション」では，五つの項目が示されています。一つ目の項目「(1) コミュニケーションの基礎的能力」では，以下のことがねらいとされています。

> 障害の種類や程度，興味・関心等に応じて，表情や身振り，各種の機器などを用いて意思のやりとりが行えるようにするなど，コミュニケーションに必要な基礎的な能力を身に付けること
> 　　　　　　　　　　　　　　　　　　　　　　　　　　　　（『解説自立活動編』，p.92）

ここで言うコミュニケーションに必要な基礎的能力とは，相手の意図を理解する力や相手に自分の意思を伝える力などを指し，言語によるやりとりだけでなく，表情や身振り等を介した非言語によるやりとりも含まれます。つまり，「話し言葉によるコミュニケーションにこだわらず，本人にとって可能な手段を講じて，より円滑なコミュニケーションを図る。まずは双方向のコミュニケーションが成立することを目指して，それに必要な基礎的能力を育てること」が大切になります（『解説自立活動編』，p.92）。このことは，コミュニケーションの発達における初期の事柄であり，「言葉」の前のコミュニケーション能力を育てる自立活動であると言えます。

2 知的障害児・発達障害児の困難の特徴と指導課題

言葉による意思の伝達が困難な発達初期の知的障害児・発達障害児は，「表情」「視線」「瞬き」「身振り手振り」「意味のない発声」などの非言語によるコミュニケーション手段を用いて，意思の伝達をしていると考えられます。これらには，他者への伝達意図がない「表出」と伝達意図がある「表現」が含まれます。「表出」は自己の中で完結しますが，「表現」は他者との関係の中で成立するものであり，発達に伴って「表出」から「表現」へと変容していきます。

言葉の前の発達「前言語発達」をもとに考えると，生まれたばかりの赤ちゃんは意図的に泣いたり笑ったりしているわけではなく，意図せず表出している状態と言えます。赤ちゃんが意

凶せず「泣く」「笑う」などの表出をしたときに，周囲の大人が「オムツ替えてほしいの？」「ガラガラほしいの？」「楽しいね」など赤ちゃんの表出を解釈し，繰り返し応答していくことで次第に「自分が○○するとママが○○してくれる」ことを学んでいきます。この学びの経験を経て，次第に意図性のある「表現」を用いるようになっていきます。

　ここで大切なことは，周囲の大人が赤ちゃんの表出・表現を解釈し，適切に応答することです。周囲の応答が乏しいと「伝わった」という実感を得られず，学びの経験が不足するだけでなく，伝えようとする意欲も低下してしまう恐れがあります。そのため，「言葉」の前のコミュニケーション能力を育てる自立活動では，子どもの表出・表現の有無に着目するだけでなく，周囲の大人が「受容・応答」することが大切になります。周囲との安心感のあるかかわり合いを通して，コミュニケーション意欲の向上やコミュニケーション手段の拡充，他者理解や共感性の発達などにもつながることが期待されます。

　この項目に関する具体的な学習上又は生活上の困難と指導例としては，以下のようにまとめられます（表Ⅲ-19）。

表Ⅲ-19　「コミュニケーションの基礎的能力」に関する困難と指導例

障害	学習上又は生活上の困難	指導例
自閉症	興味のあるものを手にしたいという欲求が勝り，所有者のことを確認しないままで，他者のものを使ったり，他者が使っているものを無理に手に入れようとしたりすることがある。また，他の人の手をとって，その人に自分がほしいものをとってもらおうとすることもある。	周囲の者はそれらの行動が意思の表出や要求を伝達しようとした行為であることを理解するとともに，望ましい方法で意思や要求を伝えることができるよう指導する。
言語発達の遅れ	語彙が少ないため自分の考えや気持ちを的確に言葉にできないことや相手の質問に的確に答えられない。	言語による直接的な指導以外に，絵画や造形活動，ごっこ遊びや模倣を通して，やりとりの楽しさを知り，コミュニケーションの基礎をつくる。
知的障害	自分の気持ちや要求を適切に相手に伝えられなかったり，相手の意図が理解できなかったりしてコミュニケーションが成立しにくい。	認知発達や社会性の育成を促す学習などを通して，自分の意図を伝えたり，相手の意図を理解したりして適切なかかわりができるように指導する。
	発声や身体の動きによって気持ちや要求を表すことができるが，発声や指差し，身振りやしぐさなどをコミュニケーション手段として適切に活用できない場合がある。	ほしいものを要求する場面などで，ふさわしい身振りなどを指導したり，発声を要求の表現となるよう意味付けたりするなど，様々な行動をコミュニケーション手段として活用できるようにする。

知的障害 自閉症	興味や関心をもっている事柄に極端に注意が集中していたり，相手の意図や感情をとらえることが難しかったりするために，他の人への関心が乏しく結果として他の人からの働きかけを受け入れることが難しい場合がある。	人とやりとりをすることや通じ合う楽しさを感じさせながら，他者との相互的なやりとりの基礎的能力を高める指導をする。

（『解説自立活動編』，pp.93-94を抜粋）

3　教材開発・学習指導案づくりのポイント

　教材開発・学習指導案づくりのポイントとして，学習指導要領では「自分の気持ちを表した絵カードを使ったり，簡単なジェスチャーを交えたりするなど，要求を伝える手段を広げるとともに，人とのやりとりや人と協力して遂行するゲームなどをしたりするなど」が挙げられています。また，「興味や関心のある活動の中で，教師の言葉掛けに対して視線を合わせたり，楽しんでいる場面に教師が『楽しいね』，『うれしいね』などの言葉をかけたりするなどして，人とやりとりすることや通じ合う楽しさを感じさせながら，他者との相互的なやりとりの基礎的能力を高める指導をすることが大切である。また，コミュニケーション手段として身振り，絵カードやメモ，機器などを活用する際には，個々の幼児児童生徒の実態を踏まえ，無理なく活用できるように工夫することが必要である」ことも指摘されています（『解説自立活動編』，pp.93-94）。

　以上のことをまとめると，知的障害児・発達障害児の「コミュニケーション」に関する自立活動の教材開発・学習指導案づくりでは，子どもの興味・関心のある活動や場面を設定して，相互に伝え合うことの楽しさを感じながらコミュニケーションの基礎的能力を高めることがポイントになると考えます。

4　教育活動全体を通じた自立活動の展開

展開例

〔人とのやりとりの楽しさを知る自立活動〕

指導場面：全教科・領域（小学部）

困難場面：話しかけたり，笑いかけたりしても反応が乏しい。目が合わない。周囲の様子の変化などに関心がない。相手の意図を理解することが困難で，それに応じた行動がとれない。

シーツブランコ

教育活動全体を通じた自立活動の進め方

●表出・表現を促す自立活動：好きな音や光の出るおもちゃ，遊具を使った遊びなどを子どもと一緒に楽しみ，共感的にかかわる。子どもの表情やしぐさなどの表出を注意深く観察し，子どもの気持ちを代弁したり意味付けたりする。　等

●身振り・指差しの理解を促す自立活動：子どもの名前を呼んで振り向いたら，少し離れた場所にあるもの（子どもが好きなもの）を教師が指差し，見るように促す。子どもが見たら褒める。　等

指差し「積み木だよ」

5　時間における自立活動の指導

指導例

〔コミュニケーションの基礎的能力を高める自立活動〕

活動名：絵本の読み合い遊びをしよう（小学部）

自立活動のねらい

●絵本の読み合い遊びを楽しみ，表情や発声，身振り等で気持ちを表すことができる。

●動作や音声の模倣，読み合い遊びをする中で，絵本の世界観をイメージすることができる。

自立活動の展開

●オノマトペや繰り返しのフレーズが出てくる絵本や，日常の生活文脈（食べ物，衣服，お風呂など）と深い結び付きのある絵本を選定する。

●動作や音声を模倣したり（例：ぴょーんと言いながら蛙の動作を模倣する），絵本の内容と同様の活動や遊びを取り入れたりする。

●絵本の内容や子どもの興味関心に応じて適宜対話をしながら読み進め（例：布団で寝てる．ベッドで寝てる？），生活経験と結び付けて絵本の世界観をイメージできるようにして，コミュニケーションの基礎的能力を高める。

絵本の読み聞かせ

動作模倣（カエルのまねっこ）

16

「言葉」の意味の理解と
表出する力を育てる自立活動

6　コミュニケーション
(2) 言語の受容と表出・(3) 言語の形成と活用

1　自立活動のねらい

「コミュニケーション」の二つ目の項目「(2) 言語の受容と表出」では，以下のことがねらいとされています。

> 話し言葉や各種の文字・記号等を用いて，相手の意図を受け止めたり，自分の考えを伝えたりするなど，言語を受容し表出することができるようにすること
>
> （『解説自立活動編』，p.94）

また，三つ目の項目「(3) 言語の形成と活用」では，以下のことがねらいとされています。

> コミュニケーションを通して，事物や現象，自己の行動等に対応した言語の概念の形成を図り，体系的な言語を身に付けることができるようにすること
>
> （『解説自立活動編』，p.96）

これらの項目は，前節の「言葉」の前のコミュニケーションとは異なり，2項目とも主に「言葉」を介したコミュニケーションに関する内容を扱うため，本稿では「言葉」の意味の理解と表出する力を育てる自立活動として，2項目まとめて解説します。

2　知的障害児・発達障害児の困難の特徴と指導課題

自分の意思が相手に正しく伝わるためには，伝える側と受ける側でそれぞれどのような力を身に付けておく必要があるのでしょうか。学習指導要領では，「意思が相手に伝わるためには，伝える側が意思を表現する方法をもち，それを受ける側もその方法を身に付けておく必要がある。このように言語を受容したり，表出したりするための一般的な方法は音声や文字であるが，幼児児童生徒の障害の状態や発達の段階等に応じて，身振りや表情，指示，具体物の提示等非言語的な方法を用いる」と解説されています（『解説自立活動編』，p.94）。つまり，伝える側と受ける側の双方で言語の理解力と表現力が必要になります。

では，言語の理解力／表現力を伸ばすためには，どのような点に留意して指導にあたればよいのでしょうか。学習指導要領では，「コミュニケーションは，相手からの言葉や身振り，その他の方法による信号を受容し，それを具体的な事物や現象と結び付けて理解することによって始まる。したがって，言語の形成については，言語の受容と併せて指導内容・方法を工夫することが必要である。その際には，語彙や文法体系の習得に努めるとともに，それらを通して言語の概念が形成されることに留意する」と解説されています（『解説自立活動編』，p.96）。

　ここで大切なことは，語彙や文法体系などの知識を深めるとともに，「言葉に込められた気持ち」を読みとる力も育むことです。会話は言葉のやりとりであると同時に，言葉に込められた気持ちを読みとり，心をわかり合う過程にほかなりません。相手の気持ちをうまく読みとれないと一方通行のコミュニケーションになり，わかり合えないばかりか，コミュニケーションの機会を失ってしまうことにもなりかねません。したがって，「言葉」の意味の理解と表出する力を育てる自立活動では，言語／非言語による情報（声のトーン，表情，内容など）から相手の意図を理解する力や，言葉を駆使して自分の意図を相手に正しく伝える力を育むことも求められると考えます。この項目に関する学習上又は生活上の困難と指導例としては，以下のことが挙げられています（表Ⅲ-20，表Ⅲ-21）。

表Ⅲ-20　「言語の受容と表出」に関する困難と指導例

障害	学習上又は生活上の困難	指導例
自閉症	他者の意図を理解したり，自分の考えを相手に正しく伝えたりすることが難しい。	話す人の方向を見たり，話を聞く態度を形成したりするなど，他の人とのかかわりやコミュニケーションの基礎（話し言葉や絵，記号，文字などの活用）に関する指導を行う。
ADHD	行動を調整したり，振り返ったりすることが難しいことや，相手の気持ちを想像した適切な表現の方法が身に付いていないために，思ったことをそのまま口にして相手を不快にさせるような表現を繰り返したりすることがある。	教師との個別的な場面や安心できる小集団の活動のなかで，相手の話を受けてやりとりをする経験を重ねられるようにしたり，ゲームなどを通して適切な言葉を繰り返し使用できるようにしたりして，楽しみながら身に付ける。

（『解説自立活動編』，p.95を抜粋）

表Ⅲ-21　「言語の形成と活用」に関する困難と指導例

障害	学習上又は生活上の困難	指導例
LD	言葉は知っているものの，その意味を十分に理解せずに活用したり，意味を十分に理解してい	実体験，写真や絵と言葉の意味を結び付けながら理解することや，ＩＣＴ機器等

	ないことから活用できず，思いや考えを正確に伝える語彙が少ない。	を活用し，見る力や聞く力を活用しながら言語の概念を形成するように指導する。
言語発達の遅れ	話す，聞く等の言語機能に発達の遅れや偏りがあるために，結果的に乳幼児期のコミュニケーションが十分に行われなかったことや言語環境が不十分なことが要因で，コミュニケーションを円滑に行うことが難しい。	課題の設定を工夫して幼児児童生徒に「できた」という経験と自信をもたせ，コミュニケーションに対する意欲を高め，言葉を生活のなかで生かせるようにしていく。

（『解説自立活動編』，p.97を抜粋）

3 教材開発・学習指導案づくりのポイント

　上記の表で示されているように，「言葉」の意味の理解と表出する力を育成するにあたっては，それぞれの障害特性に応じた指導を行うことがポイントになります。

　たとえば，自閉症は他者の意図理解や意図の伝達が困難な場合があるため，「正確に他者とやりとりするために，絵や写真などの視覚的な手掛かりを活用しながら相手の話を聞くことや，メモ帳やタブレット型端末等を活用して自分の話したいことを相手に伝えることなど，本人の障害の状態等に合わせて様々なコミュニケーション手段を用いる／相手の言葉や表情などから，相手の意図を推測するような学習を通して，周囲の状況や他者の感情に配慮した伝え方ができるようにする」ことがポイントになります。また，ADHDは行動抑制や注意の向け方等に困難な場合があるため，「体の動きを通して気持ちをコントロールする力を高めること，人と会話するときのルールやマナーを明確にして理解させること，会話中に相手の表情を気にかけることなどを指導する」ことがポイントになります。さらに，言語発達の遅れがある子どもは言語発達の遅れや偏りが想定されるため，「語彙の習得や上位概念，属性，関連語等の言語概念の形成には，生活経験を通して，様々な事物を関連付けながら言語化を行うことが大切」だと指摘されています（『解説自立活動編』，pp.95-97）。

4 教育活動全体を通じた自立活動の展開

展開例	
〔自分の意思を相手に正しく伝える自立活動〕 **指導場面**：全教科・領域（小学部） **困難場面**：自分がしてほしいことをうまく伝えられない。 　選択することができない。	

自立活動（コミュニケーション）のねらい

●はい／いいえの意思表示ができる。

●複数のものを自分の意思で選ぶことができる。

自立活動の展開

●はい／いいえの意思表示ができたときは「〇〇が好きなんだね」「〇〇は嫌いなんだね」など，子どもの意思を確認する。

●二つのものを見せて，「〇〇と〇〇のどっちがいい？」と尋ね，選択させる。選択するものは，好きなものと嫌いなものなど，違いがはっきりしているものからはじめるようにする。二つのものを選択できるようになったら，三つ以上に数を増やしたり，言葉だけの指示に変えたりする。　等

「どっちがいい？」「こっち」

5　時間における自立活動の指導

指導例

〔言葉の意味と概念の形成を促す自立活動〕

活動名：あれもコップ？これもコップ？（小学部）

自立活動のねらい

身近な具体物の意味と概念を理解する。

自立活動の展開

●日常生活の中で「コップで飲もうね」「コップでブクブクしようね」など，生活経験とともに具体物の名前等を意識的に使って声掛けする。

●普段使っているコップの意味を理解できたら，様々な種類のコップ（グラスやジョッキなど）を用意して，みたことや使ったことがあるコップがあるか尋ねる。

●コップにも様々な形や素材（落とすと割れるコップ，温めてもよいコップなど），使い方があり，それらを総称してコップということを理解できるようにする。等

様々な種類のコップ

17 適切なコミュニケーション手段を選択し，活用する力を育てる自立活動

6　コミュニケーション
(4) コミュニケーション手段の選択と活用

1　自立活動のねらい

「コミュニケーション」の四つ目の項目「(4) コミュニケーション手段の選択と活用」では，以下のことがねらいとされています

> 話し言葉や各種の文字・記号，機器等のコミュニケーション手段を適切に選択・活用し，他者とのコミュニケーションが円滑にできるようにすること
>
> （『解説自立活動編』，p.98）

　近年，IT 機器やアプリケーションなどのテクノロジーの技術革新により，様々な支援機器が開発され，拡大・代替コミュニケーション（AAC）が活用されています。AAC とは，重度の表出障害のある人が残存能力（例：発声，身体の動きなど）とテクノロジーなどの代替手段の活用によって，自分の意思を相手に伝える技法を指します。たとえば，発話による意思伝達が困難な場合でも，絵カードや携帯用会話補助装置（VOCA）などのローテク／ハイテクの代替手段を用いることで，主体的に意思伝達を図ることが可能になります。このような AAC を適切に選択・活用することによって，主体的な意思伝達の促進やコミュニケーション行動の拡大につながることが期待されます。学習指導要領でも，「近年，科学技術の進歩等により，様々なコミュニケーション手段が開発されてきている。そこで，幼児児童生徒の障害の状態や特性及び心身の発達の段階等に応じて，適切なコミュニケーション手段を身に付け，それを選択・活用して，それぞれの自立と社会参加を一層促す」と指摘されています（『解説自立活動編』，p.98）。

2　知的障害児・発達障害児の困難の特徴と指導課題

　AAC の選択・活用にあたっては，「個々のコミュニケーション能力を最大限利用すべきである」（ASHA，1991）という考え方が重要になります。つまり，単にローテク／ハイテク技法を活用するだけでなく，残存する発声や身体の動きなども含めて，本人のコミュニケーション能力を最大限発揮できるようコミュニケーション手段の選択・活用することが重要になります。

たとえば，「音声言語の表出は困難であるが，文字言語の理解ができる児童生徒の場合，筆談で相手に自分の意思を伝えたり，文字板，ボタンを押すと音声が出る機器，コンピューター等を使って，自分の意思を表出したりすることができる。なお，音声言語による表出が難しく，しかも，上肢の運動・動作に困難が見られる場合には，下肢や舌，顎の先端等でこれらの機器等を操作できるように工夫する」ことが指摘されています（『解説自立活動編』，p.98）。

この項目に関する知的障害児・発達障害児の学習上又は生活上の困難と指導例は，以下のようにまとめられます（表Ⅲ-22）。

表Ⅲ-22 「コミュニケーション手段の選択と活用」に関する困難と指導例

障害	学習上又は生活上の困難	指導例
知的障害	対人関係における緊張や記憶の保持などの困難さを有し，適切に意思を伝えることが難しい。	タブレット型端末に入れた写真や手順表などの情報を手掛かりとすることや，音声出力や文字・写真など，代替手段を選択し活用したコミュニケーションができるようにしていく。
自閉症	言葉でのコミュニケーションが困難。	自分の意思を適切に表し，相手に基本的な要求を伝えられるように身振りなどを身に付けたり，話し言葉を補うために絵カードやメモ，タブレット端末等の機器等を活用できるようにしたりする。
	順を追って説明することが困難であるため，聞き手にわかりやすい表現をすることができないことがある。	簡単な絵に吹き出しや簡単なセリフを書き加えたり，コミュニケーションボード上から，伝えたい項目を選択したりするなどの手段を練習しておき，必要に応じてそれらの方法の中から適切なものを選んで使用することができるようにする。
LD	読み書きの困難により，文章の理解や表現に非常に時間がかかる。	コンピュータの読み上げ機能を利用したり，関係性と項目を図やシンボルなどで示すマインドマップのような表現を利用したりする。

（『解説自立活動編』，p.99を抜粋）

この他にも，視覚・聴覚などの感覚障害や肢体不自由，進行性の病気の幼児児童生徒の指導例が紹介されています。障害の種類や程度，残存能力などの実態把握をもとに，個々のコミュニケーション手段を選択・活用する力を育てる自立活動を展開していく必要があります。

3 教材開発・学習指導案づくりのポイント

　以上の点をふまえ，「コミュニケーション手段の選択と活用」に関する自立活動では，障害の状態に応じた残存能力とテクノロジーなどの代替手段の活用を検討し，本人のコミュニケーション能力を最大限発揮できるコミュニケーション手段の選択・活用がポイントになると考えます。また，AACの活用は手段であり目的ではないため，適切なコミュニケーション手段を選択し，活用する力を育てる自立活動の指導をすることで，「コミュニケーションすることに楽しさと充実感を味わえるようにしていく」こともポイントになります（『解説自立活動編』，p.99）。

4 教育活動全体を通じた自立活動の展開

展開例	
〔コミュニケーション手段を活用する自立活動〕 **指導場面**：日常生活の指導（朝の会）（小学部） **困難場面**：簡単な単語や指示の理解はできるが，言葉で話したり書いたりすることが難しい。身振りでYes／No（うなずく／首を横に振る）を伝えたり，指差しや教員の腕を引いたりして要求を伝えている。 **日常生活の指導のねらい** ●一日の学習の見通しをもち，活動に取り組むことができる。 ●名前を呼ばれたら身振りや発声等で応じることができる。 **自立活動（コミュニケーション）のねらい** ●名前を呼ばれたら挙手や発声などで応じることができる。 ●指差しや視線等で適切な天気の写真や絵を選ぶことができる。　等	 名前を呼ばれたら…「はーい」  今日のお天気はこれ…

5 時間における自立活動の指導

指導例

〔コミュニケーション手段を広げる自立活動〕

活動名：わかりやすく伝えよう（中学部・高等部）

自立活動のねらい

● AAC を活用して，自分の気持ちや意思を相手に伝えることができる。

自立活動の展開

●個々の児童生徒の実態（興味・関心，運動・知的障害の程度などを考慮）に適したコミュニケーション手段を選択し，活用する。

〈おもちゃとスイッチを活用した例〉

・子どもが楽しめそうなおもちゃとスイッチを用意・制作する。おもちゃとスイッチを使って，スイッチ入力とおもちゃの動きの因果関係を理解できるようにする。うまくできたときは称賛して，教師とのやりとりも楽しめるようにする。

〈VOCA を活用した例〉

・一つの音声を数十秒～数分間録音できる「ビッグマック」を複数用意し，教員が音声を録音する。適切なタイミングでスイッチを押せるように事前練習し，学部集会や生徒会等で司会進行役を務められるようにする。

〈絵カードアプリを活用した例〉

・絵カードアプリに，自分の気持ちや要求を表すカードを録音して，カードをタップすると音声が流れるように設定する。はじめは身近な教員とのやりとりの場面で活用し，言葉による表現が難しくても的確に自分の意図を伝えられるようにする。慣れてきたら高等部の実習や販売会等で知らない人とのやりとりでも活用し，人との交流やコミュニケーションの幅を広げられるようにする。

棒スイッチ

ビッグマックやタブレット端末

【参考文献】
・America Speech-Language-Hearin Association〔ASHA〕(1991) Report: Augmentativ an Alternativ Communication Asha.

18 状況に応じたコミュニケーション能力を育てる自立活動

6　コミュニケーション
(5) 状況に応じたコミュニケーション

1　自立活動のねらい

「コミュニケーション」の最後の目標は，「(5) 状況に応じたコミュニケーション」能力を育てることで，以下のことがねらいとされています。

> コミュニケーションを円滑に行うためには，伝えようとする側と受け取る側との人間関係や，そのときの状況を的確に把握することが重要であることから，場や相手の状況に応じて，主体的にコミュニケーションを展開できるようにすること　　　（『解説自立活動編』，p.100)

　将来自立して社会参加するためには，「目上の人との会話，会議や電話などにおいて，相手の立場や気持ち，状況などに応じて，適切な言葉の使い方ができるようにしたり，コンピュータ等を活用してコミュニケーションができるようしたりする」能力が求められます（『解説自立活動編』，p.101)。このような能力を育てるためには，話の聞き方や話しかけ方，目上の人との会話や電話の受け答えなど，実際の生活場面を想定した学びの機会を設けるとよいでしょう。その際は，言葉遣いや話し方などの“伝える側”の視点だけではなく，「なぜこのような言葉遣いや話し方をするとよいのか」「この距離感だと相手はどう感じるか」「話しかけてよさそうなタイミングか」など，“受ける側”の視点に立って考えることも大切です。

2　知的障害児・発達障害児の困難の特徴と指導課題

　状況に応じたコミュニケーション能力は狭いコミュニティのなかだけで身に付くものではなく，様々な人とのかかわり合いを深めていくなかで育まれるものであると考えます。日々の学校生活でどのような場面を設定して学びを深められそうか，あるいは学校外の場面で経験を広げることができそうかを検討し，適切な場面設定と指導方法の工夫が求められます。多様な場面で様々な立場・年齢の人と交流を図り，その楽しさを子ども自身が実感できると，交流の輪を広げようとする意欲にもつながることが期待されます。

　具体的には，「障害による経験の不足などを踏まえ，相手や状況に応じて，適切なコミュニケーション手段を選択して伝えたりすることや，自分が受け止めた内容に誤りがないかどうか

を確かめたりすることなど，主体的にコミュニケーションの方法等を工夫する。実際の場面を活用したり，場を再現したりするなどして，どのようなコミュニケーションが適切であるかについて具体的に指導する」ことが挙げられています（『解説自立活動編』，p.100）。子どもの発達段階や障害特性に応じて，キャリア教育の視点から「いま何をねらいとするか」「どのような学習が必要か」を考えて，指導内容や方法を工夫していくとよいでしょう。

　具体的な学習上又は生活上の困難及び指導例をまとめると，次のようになります（表Ⅲ-23）。

表Ⅲ-23　「状況に応じたコミュニケーション」に関する困難と指導例

障害	学習上又は生活上の困難	指導例
LD	話の内容を記憶して前後関係を比較したり類推したりすることが困難なため，会話の内容や状況に応じた受け答えをすることができない。	自分で内容をまとめながら聞く能力を高めるとともに，わからないときに聞き返す方法や相手の表情にも注目する態度を身に付けるなどして，そのときの状況に応じたコミュニケーションができるようにする。
自閉症	会話の内容や周囲の状況を読みとることが難しい場合があるため，状況にそぐわない受け答えをすることがある。	相手の立場に合わせた言葉遣いや場に応じた声の大きさなど，場面にふさわしい表現方法を身に付ける。
	思考を言葉にして目的にそって話すことや他者の視点に立って考えることが苦手なため，援助を求めたり依頼したりするだけでなく，必要なことを伝えたり，相談したりすることが難しい。	日常的に報告の場面をつくることや相手に伝えるための話し方を学習すること，ホワイトボードなどを使用して気持ちや考えを書きながら整理していく。

（『解説自立活動編』，pp.101-102を抜粋）

3　教材開発・学習指導案づくりのポイント

　以上の点をふまえて，状況に応じたコミュニケーション能力を育てる自立活動では，「実際の生活場面を想定した場を設定すること」「伝える側と受ける側との人間関係やその時の状況を把握できるようにすること」がポイントになると考えられます。また，「場や相手の状況に応じて，主体的なコミュニケーションを展開できるようにすること」（『解説自立活動編』，p.101）も大切です。たとえば，自閉症のある子どもはコミュニケーションにすれ違いが生じることが多く，そのような失敗経験を重ねると話す意欲が低下し，報告したり相談したりするのが難しくなる場合があります。このような場合には「安心して自分の気持ちを言葉で表現する経験を重ね，相談することのよさが実感できるように指導していくこと」「日常的に報告の場面をつくることや相手に伝えるための話し方を学習すること」「ホワイトボードなどを使用して気持ちや考えを書きながら整理していくこと」もポイントになると考えられます（『解説

自立活動編』，p.102）。

4　教育活動全体を通じた自立活動の展開

展開例	

〔相手の立場に合わせたコミュニケーション能力を育てる自立活動〕

指導場面：生活単元学習（高等部）

困難場面：相手の立場に合わせた言葉遣いをするのが苦手で，話を聞いていないことがある。

生活単元学習のねらい

●商品やお金の受け渡しができる。

●自分の役割をこなし，友達と協力して商品を販売することができる。

自立活動のねらい

●丁寧な言葉遣いで接客できる。

●お客さんが話しているときは，お客さんの顔や目を見て，適切に相槌をうつことができる。

●言葉やサイン，ビッグマックなどでお客さんに挨拶や感謝の気持ちを伝えることができる。等

バザーで作業学習の製品を販売

5　時間における自立活動の指導

指導例	

〔状況に応じたコミュニケーション能力を育てる自立活動〕

活動名：電話に出よう（中学部・高等部）

自立活動のねらい

●丁寧な言葉遣いで受け答えをする。

●相手から聞いたことを家の人に正確に伝える。

自立活動の展開

●電話で話すときのポイントを確認する。

〈電話で話すときのポイント〉

①ゆっくり，ていねいな言葉遣いで話す。

②相手の名前を聞く。

③聞いたことをお家の人に正しく伝える。

電話のとり方を練習

- マニュアルをみながら，電話の受け答えの仕方を練習する。慣れてきたら，マニュアルを見ないで受け答えができるように練習する。
- 保護者から了解を得られれば，家庭で実際に電話の受け答えをしてみる。　等

指導例

〔状況に応じたコミュニケーション能力を育てる自立活動〕

活動名：聞き方名人，話し方名人になろう（小学部）

困難場面：発表を聞くときに話し手の方をみないで，発表の途中で出し抜けに喋り出してしまうことがある。発表をするときは，早口で声が小さく聞き取りにくい。

自立活動のねらい
- 適切な聞き方と話し方を知る。
- 発表している人の顔を見て，最後まで話を聞くことができる。
- 相手に伝わるように，声の大きさや速さに気を付けて発表することができる。

自立活動の展開
- 聞き方と話し方のポイントを確認する。

〈聞き方のポイント〉
①背筋を伸ばして座る。
②発表が終わるまで喋らず最後まで聞く。
③発表している人の顔を見て聞く。

〈話し方のポイント〉
①ゆっくり話す。
②後ろの人にも聞こえる声の大きさで話す。
③聞いている人の方を見て話す。

- 教員が望ましくない聞き方，話し方のロールプレイを行い，聞き手と話し手はどんな気持ちになるか考える。
- 話し方のポイントを意識して発表し，聞き方のポイントを意識して聞くようにする。終了後，目標を達成できたか自己評価させる。　等

発表（している人，聞いている人）

第 4 章

知的障害・発達障害のある子への

自立活動の
学習指導案づくり

1 レストランの料理を届けよう

1 健康の保持	2 心理的な安定	3 人間関係の形成
4 環境の把握	**5 身体の動き**	**6 コミュニケーション**

1 児童の実態（障害特性）と指導課題（目指す姿）

【グループの児童の実態】

　このグループは小学部5年生4名で構成されている。4名とも言葉で簡単な会話をしたり，計算する力があり，複雑な課題でなければ，指示した通りに作業を進めることができる。しかし，1名は自分の身体の各部位への意識が十分に高まっていないために，コップに水を入れて机まで運ぶときにこぼしてしまうことも多い（児童A）。また，1名は両手での活動や目と手の協応動作に困難があり，目標にした場所にものを置こうとしてもずれてしまい，整理整頓しながら作業を遂行することが苦手である（児童B）。一方，2名は基本的な作業能力については問題ないが，自閉的傾向があり，他者と協働的に作業を進めることが苦手である。特に，一緒に作業をしている人の意図を考えたり，指示を受けて，作業や活動を行っていくことは苦手である（児童C・児童D）。

【数年後の目指す姿】

　小学部の児童であるので，将来の仕事に必要な作業能力を直接的に身に付けさせようとするのではなく，高等部生になるくらいまでに，様々な作業遂行の基礎となる力を身に付けさせたい。具体的には，児童A・Bについては，自分の身体の動きを意識しながら，大きな体の動きを確実なものにして，ものを運ぶ作業が今よりもできるようになってほしい。また，児童C・Dについては，他者からの指示を的確に把握して，作業ができるようになってほしい。

【個々の児童の実態と指導課題】

児童	実　態	指導課題
児童A 知的障害	お手伝いなど，人から頼まれたことは嬉しそうにやるが，複雑な言葉を理解することは難しく，日常生活では単純な指示でなければ理解できないことが多い。身体の使い方がぎこちないところがあり，ものを運ぶときに，落と	姿勢を保持しながらお盆に載せたものを運ぶことができるようにする。（5-(1)）

	したりこぼしたりすることが多くある。	
児童B 知的障害	言語で指示したことをほぼ理解でき，指示通りに作業することができる。しかし，目と手の協応動作が苦手で，特に，巧緻性が必要な作業はとても苦手である。また，整理してものを置くことも苦手である。	ものを等間隔に置き，きれいに配置することができる。そのとき，ある程度の速度で作業を遂行する力も身に付ける。（5-(5)）
児童C 自閉症	「ちょっといい？」など，あいまいな言葉で問いかけられると意味がわからず，気持ちが不安定になり，できる作業も遂行できなくなるときがある。	児童Dと話し合って決めた自分の役割を確実に遂行することができる。（6-(5)）
児童D 自閉症	指示されたことは確実にできるが，他者と相談して役割を分担したり，コミュニケーションを取りながら作業を進めることは苦手である。	依頼された作業を他者と相談しながら分担して進めることができる。（6-(5)）

2　学習単元の構成

指導課題をふまえた学習活動の選定

「お盆にものを載せて，ものを落とさないようにテーブルまで運ぶ」ということを共通課題にして，児童A・Bには「自分の身体に意識を向けて運ぶ」／児童C・Dには「何を運ぶかを相談して分担する」ことを課題にする。

主体的・対話的に学ぶための工夫

ごっこ遊びが好きで，役になりきって楽しく活動できるグループなので，「レストランの客に食べ物を運ぶ」という状況をつくり，そのなかで各自の課題を指導する。

教材・教具の工夫

● 厨房エリアと接客エリアを分け，「厨房からテーブルに品物を運ぶ」ということが明確にわかるようにする。

● 児童A・Bと児童C・Dがペアとなり，客からの注文に従って品物を運ぶ。なお，教師が客となり，それぞれのペアの指導課題にそった注文をする。

● 児童が品物を運ぶ様子をタブレットで録画し，適宜，振り返る際に活用する。そのときに，児童A・Bには「身体の使い方」を，児童C・Dには「相談／役割分担のしかた」を意識させる。

「レストランの料理を届けよう」の授業イメージ

【単元計画】（全10時間）

第一次　レストランで接客をしよう（2時間）

第二次　客の注文に合わせて品物を運ぼう（4時間）

第三次　厨房係と接客係に分かれて品物を運ぼう（4時間：本時は第1時）

3　自立活動の授業の展開

（1）本時の目標

- 自分の身体の姿勢などを意識して，お盆に載せたものを落とさないように運び，テーブルに置くことができる（児童A）。

- いくつかの品物を厨房から運び，テーブルに配膳するときに，目標の位置にしっかり置くことができる（児童B）。

- 児童Dと相談して決めたことを意識して（役割を分担して），厨房から品物を運ぶことができる（児童C）。

- たくさんの注文を受けたときに，一人で運ぼうとせず，児童Cと分担するための話し合いを主導することができる（児童D）。

（2）本時の展開

⇒評価規準（対象児童：評価方法）

時間	学習内容・活動	支援上の留意点
10分	**1　本時の学習内容を知る。** (1) はじめの挨拶をする。 (2) 本時の学習内容を知る。 (3) はじめに，接客係・厨房係のどちらをやるか，話し合って決める。	・姿勢を整え，みんなで声を合わせて挨拶をすることで，学習のはじまりを意識できるようにする。 ・児童A・Bには身体の動かし方，児童C・Dには相手とよく相談する，という点に注意してレストランの学習に取り組むことを確認する。 ・帽子をかぶったりしてレストランの店員であるという意識を高める。
10分	**2　接客係・厨房係の動きを確認する。** 〈厨房係〉2段重ねのお弁当箱を段ボールから取り出し，カウンターの机の上に置く。	・児童Aは，両手に均等に力を入れて，二つのお弁当箱を手で押さえてカウンターまで運ぶことを意識させる。 ・児童Aは，カウンターの上で，お弁当箱をお盆に載せて，接客係（児童B）に渡す。このときに，お盆が傾いていないかを意識させる。 ⇒お盆の傾きに意識しながら，お弁当箱を運ぶことができたか（児童A：観察）
	〈接客係〉カウンターに置かれたお弁当箱をお盆に載せ，お弁当箱を落とさないように客席まで運ぶ。	・児童C・Dは，この時間にどのような種類のお弁当箱があるのかを確認する。 ・児童Bは，お盆とお弁当箱の両方に注意を向けながら，気を付けて歩くことを意識させる。 ・児童Bは，お弁当をお客さんの前に配膳するときに，どこに置いたらよいかわかるような印を付けておき，そこに置くように意識させる。 ⇒机の上に付いている印に合わせて，お弁当箱を置くことができたか／うまく置くことができたかどうかを自分で理解できているか（児童B：観察） ・児童C・Dは，たくさん注文が来たときに，どのように分担するか，話し合いの方法を確認する。 ・児童Aには大きめの持ちやすい弁当箱を持ち運ぶように注文を出す。
20分	**3　客（教師）からの注文を受け付け，厨房から料理を出し，接客係が客まで運ぶ。**	・児童C・Dは，客（教師）から出されたオーダーをよく聞いて，どのように分担して弁当箱を運ぶか話し合う。

	〈児童A・B〉形の違うお弁当箱のオーダーも出し，いろいろなお弁当箱を運ぶ／お弁当を二ついっぺんに運ぶなども経験する。〈児童C・D〉お弁当箱のほかにコップや割りばしなどのお弁当に関連するものもオーダーする。	⇒児童Dと相談して，分担して（児童Dとは違う）ものを運んでくることができたか（児童C：観察）
		⇒自分で持つことができるものを考えて，自分が持ってくるものを考え，話し合うことができたか（児童C：観察）
		・お盆に二つのものを置いて運ぶ場合には，「水平にしてお盆を持てばものは落ちない」ということを子どもと確認する。（児童A・B） ・カウンターをはさんで厨房係と接客係が指示を出し合うなども経験する。（児童C・D）
5分	**4　本時のまとめをする。** (1)本時の振り返りをする。 ・タブレットでお弁当箱を運んでいる姿をみて振り返る。 (2)終わりの挨拶をする。	・最初に確認した「品物を運ぶ」際の各自の課題ができていたかどうかを振り返りの視点とする。 ・お客さんの注文を運ぶときにどのような工夫をしたかを一人ひとりから聞き，次回につなげる。

4　学習評価と授業改善

【授業時の評価と授業改善】

	児童A・児童B	児童C・児童D
授業時	児童Aは，お弁当箱を運ぶときに力の加減を意識して何とか運ぶことができた。児童Bは，印を意識してお弁当箱をお客さんの前に置くことができたが，角は合わないことが多かった。	児童Cは，自分の判断で勝手に持ってきてしまうことが多かったので，引き続き「役割分担」を意識させた。児童Dは，話し合ったことをふまえて，自分の役割を意識して品物を運ぶことができた。
授業改善	児童Aは，力の加減をより意識することができるように，大きいサイズの箱から運び，少しずつ小さい箱を運ぶことができるようにする。児童Bには，実際に箱を運ぶ前に，枠の中に置く練習をする時間を設けるようにする。	児童Dには，相談した結果について，メモをとらせるなど，話し合った結果を意識できるようにする。児童Cには，児童Dと同じものを持ってきたときに「話し合ったことと違う」ことがわかるようにする。

【次の単元の教材例】

　「レストランの料理を運ぼう」の単元が終了したあと，児童４名の自立活動の課題は継続し，別の教材で学習するようにする。次の単元の教材としては，以下のようなものが考えられる。

単元名「段ボール美術館をつくろう」

2 レッツゴー！○○探検隊！

1　健康の保持	2　心理的な安定	3　人間関係の形成
4　環境の把握	5　身体の動き	**6　コミュニケーション**

1　児童の実態（障害特性）と指導課題（目指す姿）

【グループの児童の実態】

　このグループは小学部4年生1名，6年生1名の2名で構成されており，様々な活動に意欲的に取り組んでいる。2名とも簡単な漢字の読み書きや計算をすることができ，簡単な会話をして自分の気持ちや考えを伝えることができる。また，2名で大きなものを運ぶなど，協力しながら簡単な課題を遂行することができる。しかし，1名は自分の思いを強く主張し，やりたいことを譲れないときがある（児童A）。また，1名は相手の気持ちを優先するあまり，友達と意見が合わないと「僕はなんでもいいよ」と自分の気持ちを我慢して相手の提案を受け入れることがある（児童B）。

【数年後の目指す姿】

　高等部を卒業するまでに，自分の思いを大切にし，相手の気持ちも尊重したコミュニケーションをとることができるようにしたい。具体的には，児童Aについては，相手の気持ちを考えて自分の意見を調整することができるようになってほしい。児童Bについては，相手の反応にかかわらず自分の思いを素直に伝え，意見が合わないときには互いの思いをふまえた解決策を考えることができるようになってほしい。

【個々の児童の実態と指導課題】

児童	実　態	指導課題
児童A 知的障害 自閉症	言葉での指示を理解し，楽しく友達や教師と会話をすることができる。好奇心が強く，自分のやりたいことを強く主張することが多い。自分の思いと異なる場合には，気持ちが不安定になることがある。	友達や教師の提案を受け入れ，自分の希望を一部譲ることができる。（6-(5)）

児童B 知的障害	言葉での指示を理解し，楽しく友達や教師と会話をすることができる。やりとりすることで，自分の意見の簡単な理由を話すことができる。友達と意見が合わないと「僕はなんでもいいよ」と我慢することがある。	自分の思いを素直に友達に伝え，意見が異なるときにはやりとりをしながら解決策を考える。(6-(5))

2　学習単元の構成

指導課題をふまえた学習活動の選定

探検隊の名前，探検隊における役割目的の選定，持ち帰る宝物の選別などの活動を通して，「友達と相談して決める」ことを課題にする。

主体的・対話的に学ぶための工夫

ごっこ遊びや校内散策が好きなグループであるため，「探検隊になって宝物を探す」という文脈で校内を回り，その中で自然と話し合い活動が行われるようにする。

教材・教具の工夫

● 探検隊の帽子，リーダーバッジや宝箱を準備し，児童が相談をして探検隊の名前や合言葉を決め，探検隊になりきることができるようにする。

● 児童A・Bの好きなキャラクターや食べ物などがプリントされたカードを宝物として提示する。自分の好きなものをどれだけ持ち帰ることができたか（自分の意見，相手の意見をどの程度尊重できたか）を視覚的にわかるようにする。

● 目的地ごとに，持ち帰ることができる宝物の数を変更することで，話し合いの難易度が変わり，様々な視点で解決策が出るようにする。

● 教師がボードに話し合いでの児童の発言を記入し，互いの考えや話し合いの流れが視覚的にわかるようにする。

● 状況に応じて教師が話し合いに参加し，状況の整理や気持ちの肯定，解決策の助言などを行う。

● よい発言を「いいね！」ワードとして取り上げ，授業の最後に振り返る。

宝物（カード3〜7枚）のなかから，指定された枚数（2〜5枚）を相談して選ぶ。地図をみて，次の目的地を決める。

児童A
自分と相手の好きなカードの枚数の差に気付くことができるようにする。

児童B
自分の考えを素直に発言できるよう促す。

「レッツゴー！○○探検隊」の授業イメージ

【単元計画】（全6時間）

第一次　探検に行く準備をしよう（2時間）

第二次　宝物を探しに行こう（4時間：本時は第2時）

3　自立活動の授業の展開

（1）本時の目標

• 友達の意見を聞き，自分のやりたいことを一部譲ることができる（児童A）。

• 自分がやりたいことを友達に伝え，意見が分かれたときには解決策を考えることができる（児童B）。

（2）本時の展開

⇒評価規準（対象児童：評価方法）

時間	学習内容・活動	支援上の留意点
5分	1　本時の学習内容を知る。 (1) はじめの挨拶をする。 (2) 本時の学習内容を知る。 (3)「いいね！」ワードを確認する。	・姿勢を整え，声を合わせて挨拶をすることで，学習のはじまりを意識できるようにする。 ・探検隊の心得として，「楽しく探検する」「相談して決める」ことを確認し，相手を意識して活動することができるようにする。

		・前回までの授業で見付けた「いいね！」ワードを確認し，話し合いで活用できるようにする。
10分	**2　探検に行く準備をする。** (1) 役割分担をする。 　・リーダーと宝箱を持つ係を分担する。 (2) 最初の目的地を決める。 (3) かけ声をかける。	・帽子をかぶり，リーダーの札を付けたり，宝箱を持ったりして，探検隊になりきることで，活動の意欲を高められるようにする。 ・児童B，児童Aの順に希望する係や目的地を発言するようにし，児童Bが自分の思いを伝えられるようにする。 ・児童Bが最初から「なんでもいいよ」と発言したときは，どんなことを話してもよいと伝えて発言を促し，自分の思いを大切にすることができるようにする。 ・希望する係が重複したり，目的地の意見が分かれたりしたときは，児童同士で相談する。 ⇒児童Aに希望する係や目的地を伝え，相談することができたか（児童B：観察）
20分	**3　探検する。** (1) 目的地まで歩く。 (2) 宝物を手に入れる。 　・指定された個数しか持ち帰ることができないため，どれを持ち帰るか相談する。 (3) 次の目的地を決める。 ※(1)〜(3)を繰り返す。	・児童の顔写真と吹き出しが描かれたボードを用意し，教師が児童の発言の中で重要なものを記入することで，互いの気持ちや話し合いの流れを視覚的にわかりやすくする。 ・教師が児童の思いやアイデアを整理しながら話し合いに参加することで，意見が分かれたときの解決策を考えられるようにする。 ・児童が提案した解決策を，内容の是非にかかわらず肯定的に受け止めることで，自分の考えが受け入れられる安心感を味わい積極的に発言することができるようにする。 ・話し合いの中で「いいね！」ワードが使われたときには称賛し，活用しようとする意欲を高める。 ・児童Aが自分の希望にこだわるときには，児童Aの気持ちに寄り添いながら，児童Bの気持ちを考えられるようやりとりをする。 ・児童Aの希望が尊重されている部分を確認し，意見の一部を譲ることができるようにする。 ⇒持ち帰る宝物や目的地など，自分の意見の一部を児童Bに譲ることができたか（児童A：観察）

| 10分 | 4　本時のまとめをする。
(1) 宝物を確認する。
　・宝物を並べ，自分の好きな
　　宝物の個数を数える。
(2) 話し合いを振り返る。
　・教師が記入したボードをみ
　　ながら，よかった点や気付
　　いたことを話し合う。
(3) 「いいね！」ワードの発表
　　を聞く。
(4) 終わりの挨拶をする。 | ・自分の好きな宝物の個数を確認することで，児童Aは相手
　の思いを尊重できているか，児童Bは自分の思いを伝えら
　れているかに気付くことができるようにする。
・カードを提示して状況を再現し，言われたときの気持ちを
　確認することで，よかった点や気付いたことを話すことが
　できるようにする。
・よかった点や発言を「いいね！」ワードとしてまとめるこ
　とで，達成感を味わい，授業や日常生活場面で活用する気
　持ちを育てる。 |

4　学習評価と授業改善

【授業時の評価と授業改善】

	児童A	児童B
授業時	最初の目的地では，「私は〇〇がいい」と自分の意見を譲ることが難しかったが，後半は「今度はB君でいいよ。順番ね」と友達に譲ることができた。	意見が分かれそうな場面では，すぐに「僕はなんでもいいよ」と話していたが，希望を言ってよいことを伝えて励ますと，「いいの？」と迷いながらも伝えることができた。
授業改善	意見が分かれたときには，前回の授業で最初に譲ってもらったことを思い出せるよう言葉かけをする。「順番」をキーワードに，今回の授業は最初に譲るよう促す。	活動1で確認する探検隊の心得に，「自分の気持ちを伝える」を追加し，「なんでもいいよ」という言葉を使用しないよう意識付けをする。

【次の単元の教材例】

　「レッツゴー！○○探検隊」の単元が終了したあと，児童２名の自立活動の課題は継続し，別の教材で学習するようにする。次の単元の教材としては，以下のようなものが考えられる。

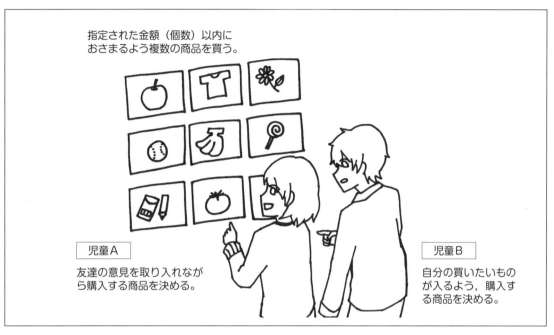

単元名「相談して買い物をしよう」

中学部2年生　　知的障害（ダウン症）／脳症後遺症

3 みんなで仲よく活動しよう

1 健康の保持	2 心理的な安定	3 人間関係の形成
4 環境の把握	5 身体の動き	6 コミュニケーション

1 生徒の実態（障害特性）と指導課題（目指す姿）

【グループの生徒の実態】

　このグループは中学部2年生5名で構成されている。5名とも簡単な会話をしたり，指示した通りに取り組んだりすることができる。また，話し合いを行い，全員で取り組む活動を決めることもできる。しかし，1名は自分がやりたいという思いが強くなると，活動場所から離れ，一人で取りかかろうとする（生徒A）。また，1名は一緒に遊びたい表情で友達をみるものの，自分から気持ちを伝えられず困っていることが多い（生徒B）。もう1名は，友達と意見が違う場合に落ち着いて自分の意見を相手に伝えられず，伝えることをあきらめてしまうことが多い（生徒C）。一方，2名は得意なことには積極的に取り組むことができるが，慣れていない活動や苦手な活動，はじめて経験することに苦手意識をもっている（生徒D・E）。

【数年後の目指す姿】

　中学部の生徒であるので，ソーシャルスキルトレーニングを通して人間関係やコミュニケーションの技術や技能を身に付けさせようとするのではなく，高等部生になるくらいまでに，自他の理解を深め，対人関係を円滑にし，集団参加できる力を身に付けさせたい。具体的には，生徒Aについては，自分の意見を伝えたり，相手のことを考えたりしながら，周囲の人と協力して活動する力を身に付けてほしい。生徒B・Cについては，自分の意見を相手に伝える力を身に付けてほしい。生徒D・Eについては，どのような活動においても積極的に取り組むことができるようになってほしい。

【個々の生徒の実態と指導課題】

生徒	実　態	指導課題
生徒A 知的障害	学年として意見をまとめるときには，友達と相談したり，多数決で決めようと全体に対して言葉かけをしたりする姿がみられる。一方で自分がすぐにやりたいと思うと，	周りの状況を見て，自分の気持ちを整理しながら，教師や友達とかかわることができる。

		活動場所を離れて一人で取りかかろうとする。	（3-(3)）
生徒B 知的障害 ダウン症	休み時間には，友達からの誘いを受け入れ，ジェンガやすごろくなどのゲームを2～3名の友達と楽しむ様子がみられる。その一方で，一緒に遊びたい表情で友達をみるものの，自分から気持ちを伝えられずに困っている姿もみられる。	友達と活動内容を考え，友達を誘って活動に取り組むことができる。（6-(1)）
生徒C ダウン症	教師の手伝いや話し合いの司会など，自分のやりたい活動に対して積極的に取り組むことができている。一方で，友達と意見が違う場合に落ち着いて自分の意見を相手に伝えられず，伝えることをあきらめてしまう場面もみられる。	友達との話し合いで，自分の意見を伝えたり，相手の意見を聞いたりしながら，活動内容を決めることができる。（3-(1)）
生徒D 脳症後遺症	2年生に進級し，どんなことにもチャレンジしたいという気持ちで，苦手なことにも少しずつ取り組んでみようとしている姿がみられる。その一方で，絵を描いたり漢字の書きとりをしたりなど，自分のやりたいことに集中して取り組んでいると，次の活動がはじまる時刻になっても，自分の活動を続けようとすることがある。	話し合いで決まった活動について，友達と一緒に取り組むことができる。（3-(4)）
生徒E 知的障害	学校での様々な経験を通して自信をもって取り組めることが増え，得意なことに主体的に取りかかることができている。一方で，はじめて経験することや自分の想像と違うことに関しては苦手意識をもちやすく，それらのことに直面すると気持ちに折り合いがつかず，下を向いてしまうこともある。	わからないことや不安に感じたことを教師に伝え，心理的な不安を軽減しながら，活動に参加することができる。（2-(2)）

2 学習単元の構成

指導課題をふまえた学習活動の選定

「みんなで決めたことについて，仲よく活動する」ことを共通課題にし，生徒Aには「自分の気持ちを整理しながら活動する」／生徒B・Cには「話し合いで決めたことに取り組む」／生徒D・Eには「不安を軽減しながら，活動に参加する」ことを課題にする。

主体的・対話的に学ぶための工夫

話し合いのできるグループなので，「話し合いで活動と約束を決め，みんなで仲よく取り組む」という状況をつくり，そのなかで各自の課題を指導する。

● トランプやジェンガなど，簡単に操作ができたり，順番を意識したりできる活動を話し合いの前に提示しておく。

● 仲よく活動するための約束などの話し合いで決まったことを，活動中にも確認できるようにホワイトボードに書き出す。

● 話し合いで決まった活動に取り組む様子をタブレット端末で録画し，適宜，振り返る際に活用する。そのときに，生徒A・Cには「友達とのかかわり方」，生徒B・Dには「友達と一緒に活動に取り組めているか」，生徒Eには「不安なことの伝え方」を意識させる。

指導者
生徒Aには，話し合いの進め方を指導する。
生徒B・Cには，やりたい活動の発表を促したり，活動するときの約束を意識させる。
生徒D・Eには，近くにいることで話しかけやすいようにする。

生徒A
司会として，話し合いを進める。

生徒B〜D
みんなでやりたい活動や仲よく活動するための約束を考える。

「みんなで仲よく活動しよう」の授業イメージ

【単元計画】（全10時間）

第一次　話し合いをしよう（2時間）

第二次　みんなで仲よく活動しよう（4時間）

第三次　みんなで決めて，みんなで仲よく活動しよう（4時間：本時は第1時）

3　自立活動の授業の展開

（1）本時の目標

• 話し合いで，司会として，友達の意見を聞いたり，まとめたりすることができる（生徒A）。

- 「一緒にやろう」と友達を誘って，活動に取り組むことができる（生徒B）。
- 自分のやりたいことを発表したり，話し合いで決まった活動に取り組んだりすることができる（生徒C）。
- 話し合いで決まった活動に最後まで取り組むことができる（生徒D）。
- 話し合いで決まった活動について不安なことがあるときは，活動をやめようとせず，教師に相談をして取り組むことができる（生徒E）。

（2）本時の展開

⇒評価規準（対象生徒：評価方法）

時間	学習内容・活動	支援上の留意点
5分	**1　本時の学習内容を知る。** (1) はじめの挨拶をする。 (2) 本時の学習内容を知る。	・姿勢を整え，学習のはじまりを意識できるようにする。
5分	**2　話し合いの進め方を確認する。** (1) みんなから意見を聞く。 (2) 多数決をとる。 (3) 決まったことを確認する。 (4) 先生に報告する。	・教師が順番にやることを示したり，手順表を用意したりすることで，生徒Aが話し合いを進めることができるようにする。 ・手を挙げてから発表することや，発表する際の言い方等を確認することで，生徒B・C・D・Eが話し合いで意見を発表できるようにする。
15分	**3　話し合いをする。** (1) 活動を決める。 (2) 仲よく活動するための約束を決める。 (3) 決まった活動と約束を確認する。	・生徒から出てきた意見を教師が板書することで，生徒Aが話し合いの司会に集中できるようにする。 ・手を挙げる前に何をやりたいのか，どのような約束がよいのかを教師と確認することで，生徒B・Cが意見を発表できるようにする。 ・話し合いで決まったことをホワイトボードに書くことで，生徒Eが活動中に確認し，安心して活動できるようにする。 ⇒話し合いで友達の意見を聞いたり，多数決で意見をまとめることができたか（生徒A：観察）
20分	**4　話し合いで決まった活動に取り組む。**	・誰と一緒に活動したいのか教師と確認することで，生徒Bが友達と活動できるようにする。 ・自分の思うようにいかないことがあったときは，教師と約束事を確認することで，生徒Cが活動に参加できるようにする。 ・苦手な活動で参加することが難しいときは，教師がやり方

		の手本を示したり，友達の様子を一緒に観察したりすることで，生徒Dが活動に参加できるようにする。 ・活動のやり方がわからなかったり，不安なことがあったりしたときは，そばにいる教師に相談したり，ホワイトボードを確認したりすることで，生徒Eが活動に参加できるようにする。
		⇒「一緒にやろう」と友達を誘って活動に参加することができたか（生徒B：観察）
		⇒話し合いで決まった活動に取り組むことができたか（生徒D：観察）
		⇒話し合いで決まった活動について不安なことがあるときは，活動をやめようとせず，教師に相談をして取り組むことができたか（生徒E：観察）
5分	5　本時のまとめをする。 (1) 本時の振り返りをする。 　・タブレット端末で活動に取り組んでいる姿をみて振り返る。 (2) 終わりの挨拶をする。	・仲よく活動するための約束を守ることができていたかどうかを振り返りの視点とする。 ・タブレット端末で撮影した話し合いと活動の様子の動画をみながら振り返ることで，視覚的に振り返りができるようにする。
		⇒自分のやりたいことを発表したり，話し合いで決まった活動に取り組んだりすることができたか（生徒C：観察）
		・話し合いや活動時に頑張ったことやよかったところを一人ひとりから聞き，次回につなげる。

4　学習評価と授業改善

【授業時の評価と授業改善】

	生徒A	生徒B・C	生徒D・E
授業時	生徒Aは，一人ずつ意見を聞き，多数決でクラスの意見をまとめることができた。	生徒Bは，一緒に活動したい友達のことをじっとみつめ，しばらく経ってから誘うことができ	生徒Dは，話し合いで決まった活動ではない活動がやりたく，はじめは参加できなかったが，気持ち

	た。生徒Cは，話し合いで二〜三つの意見を発表したり，みんなで決めた活動に取り組んだりすることができた。	を切り替え，参加することができた。生徒Eは，活動に見通しをもつことができず，はじめは見ているだけだったが，活動の様子をみたり，教師とやり方を確認したりしたことで，活動に参加することができた。
授業改善	生徒Aは，急いで話し合いを進めようと焦ってしまうことがあったことから，話し合いの時間をあらかじめ提示し，時間を意識しながら進行できるようにする。	生徒Bは，教師とのかかわりが多くなってしまったことから，友達とペアで行えるような場の設定をする。生徒Cは，自分の思うようにならないときに，気持ちが高まったり，大きな声を出したりしていたことから，気持ちの整理を意識しながら活動できるようにする。	生徒D・Eには，話し合いで決まった活動に取り組む前に，教師ややり方がわかる生徒でデモンストレーションを行うことで，活動に見通しをもつことができるようにする。

【次の単元の教材例】

　「みんなで仲よく活動しよう」の単元が終了したあと，生徒五人の自立活動の課題は継続し，別の教材で学習するようにする。次の単元の教材としては，以下のようなものが考えられる。

単元名「ボッチャをしよう」

4 作って遊ぼう
～オリジナルすごろく～

1 健康の保持	**2 心理的な安定**	**3 人間関係の形成**
4 環境の把握	5 身体の動き	6 コミュニケーション

1 生徒の実態（障害特性）と指導課題（目指す姿）

【グループの生徒の実態】

　このグループは中学部３年生３名で構成されている。３名とも教師の指示を聞いたり，簡単な指示書などを読んだりして，その通りに行動することができる。自分の得意なことや自信をもっていることに関しては，自分の思いや考えをそれぞれの方法で表現することができる。しかし，３名とも詳細な指示がない状態で，自分で考えて能動的に動くということは難しい。また，２名は，自信がもてないことやはじめての活動などに直面すると，「失敗したくない」等の思いから，行動が止まってしまうことがある（生徒Ａ・Ｂ）。１名は，人とのかかわりに対して消極的であり，やりたいことや興味があることを自分から伝えようとせずに，周囲の人からのかかわりを待つ傾向がある（生徒Ｃ）。

【数年後の目指す姿】

　３名とも中学部３年生なので，次年度は高等部に入学してこれまでと違った環境で生活することとなる。また，数年後には学校を卒業し，それぞれの進路へと進んでいく。そのため，変化の激しい社会のなかで，生徒たちが自分のもっている能力やできることを最大限に発揮していくための基礎となる力を身に付けさせたい。具体的には，生徒Ａ・Ｂは自分に対する自信をつけて，自己を肯定する気持ちを高めていってほしい。生徒Ｃは，相手との意思疎通の成功体験を重ね，積極的に周囲の人とかかわる力を育ててほしい。

【個々の生徒の実態と指導課題】

生徒	実　態	指導課題
生徒Ａ 自閉症	読み書きや簡単な計算などの机上学習が得意で，自信をもって行うことができる。みんなの前に立って発表したり話したりする場面では，不安になって動けなくなることがある。	簡単な活動で成功体験を積み，友達の前でも自信をもって発表することができる。（3-(3)）

生徒B 自閉症	色々な活動に対して頑張りたいという気持ちが強い。しかし，失敗することへの不安が強く，はじめての活動に対しては消極的になり，取り組むことができなくなることがある。	自信のない活動にも，手本やヒントを参考にしながら取り組み，成就感を味わうことができる。（3-(3)）
生徒C 知的障害	教師から指示されたことは確実に行うことができる。人とのかかわりには消極的で，協力したり相談したりする場面では，自分の考えを言えずに周囲の人に任せることが多い。	やりたいことや答えたい質問が書かれたすごろくのミッションカードを，自分で選ぶことができる。（2-(3)）

2　学習単元の構成

指導課題をふまえた学習活動の選定

すごろくのマスのミッションを自分たちで考え，作ったすごろくでゲームをする活動を設定した。生徒たちが自分で「できそうなこと」や「答えられる質問」を選んだり記入したりすることで，それぞれが成功体験を積むことができるようにした。

主体的・対話的に学ぶための工夫

グループの生徒それぞれに「好きなこと」や「伝えたいと思っていること」などがあり，それをゲームに取り入れて披露できるようにすることで，主体的・対話的に学ぶことができるようにした。

教材・教具の工夫

●すごろくのマスには，「○○をする」か「○○に答える」のどちらかのミッションを生徒自身が考えて入れるようにする。最初は，教師が用意したミッションカードから自分ができそうなもの，答えられそうなものを選んでマスに貼れるようにした。慣れてきてからは，生徒がカードに自分で記入できるように，何も記載していないカードも用意した。

●生徒A・B・Cが自分でミッションを考えるマスに加え，三人で相談してミッションを考えるマスも用意することで，それぞれが考えを伝え合うこともできるようにした。

●すごろくのマスは全部で14しかないため，サイコロは1～3の目しかないものを自作し，使用した。

●「ヘルプ」「ヒント」のお助けカードを用意し，1回ずつ使えるようにすることで，安心して活動に取り組むことができるようにした。また，お助けカードが出たら，そのミッションを選んだ生徒が「サポーター」になって手伝うようにすることで，サポーターになった生徒の自信にもつなげられるようにした。

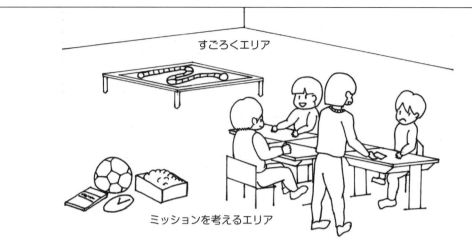

まずは自分の机でマスのミッションを考えてから，大テーブルに移動してすごろくを行うようにした。ミッションを考えるエリアでは，中央に教師が用意したミッションカード（「屈伸をしてみよう」「ビーズをひもに通してみよう」「時計を6時に合わせよう」「好きな動物を答えよう」など，それぞれの生徒が好きなことや得意なことを入れて用意した）を置いた。道具コーナーには，ミッションのなかで使う道具（ビーズ，模擬時計など）を準備した。

「作って遊ぼう～オリジナルすごろく～」の授業イメージ

【単元計画】（全7時間）

第一次　「なにがでるかな」さいころゲーム（3時間）

第二次　オリジナルすごろく（4時間：本時は第1時）

3　自立活動の授業の展開

（1）本時の目標

• すごろくのマスに書かれたミッションに従って，行動したり質問に答えたりすることができる。（生徒A）

• 一人で行うのが難しいミッションに当たったときも，お助けカードを使って遂行することができる（生徒B）。

• 自分でできそうなことや答えられそうなことを考え，ミッションカードを選ぶことができる（生徒C）。

（2）本時の展開

⇒評価規準（対象生徒：評価方法）

時間	学習内容・活動	支援上の留意点
5分	**1　本時の学習内容を知る。** (1) はじめの挨拶をする。 (2) 本時の学習内容を知る。	・すごろくを作る際に，自分でできそうなこと，チャレンジしたいこと，答えたいことが書かれたミッションカードを選ぶということを確認し，安心して学習に取り組めるようにする。
15分	**2　すごろくを作る。** (1) 一人で4枚のミッションカードを選んで，すごろくのマスに貼る。 〈マスのミッションの例〉 ・屈伸をしよう。 ・好きな漢字を書こう。 ・ひもにビーズを通そう。 ・時計を6時に合わせよう。 ・好きな食べ物を答えよう。 (2) 三人で相談してミッションカードを二つ選び，すごろくのマスに貼る。	・ミッションカードには，それぞれの生徒が好きなことや得意なことを書いておくことで，自分からカードを選ぶことができるようにする。 ・生徒Cには，教師がやりとりをしながら自信をもってできそうなことや答えられそうな質問を確認していくことで，自分からミッションカードを選ぶことができるようにする。 ⇒自分が得意なことや答えられそうなことを考え，ミッションカードを選ぶことができたか。（生徒C：観察） ・三人で相談をする際には，全員ができそうなことや答えられそうなことを選ぶことができるように言葉かけをすることで，このあとのすごろくゲームを自信をもって行うことができるようにする。
20分	**3　すごろくで遊ぶ。** (1) サイコロを振って駒を進め，駒が止まったマスのミッションに従って行動したり質問に答えたりする。 (2) ミッションが難しいと感じた場合は，「お助けカード」を使って，サポーターに助けてもらう。	・マスに書かれているミッションを実行する際に，生徒Aが不安になって動けなくなったときは，教師が先にやってみたり，本人の気持ちが落ち着くまで待ったりすることで，「自分でできた」という思いをもつことができるようにする。 ⇒ミッションに従って，行動したり質問に答えたりすることができたか。（生徒A：観察） ・「お助けカード」が出た際は，そのマスのミッションを選んだ生徒が「サポーター」となって手助けをするようにすることで，サポーターの生徒も達成感をもつことができるようにする。 ・生徒Bが，ミッションを実行するのが難しい場合は，「手伝ってもらっても大丈夫ですよ」と安心できるような言葉かけをし，お助けカードを使うことができるようにする。

		お助けカードを使って，友達と一緒にミッションを達成することができたか。（生徒Ｂ：観察）
10分	**4　本時のまとめをする。** (1) 本時の振り返りをする。 　・写真をみて振り返る。 　・自分と友達のよかったところを発表し合う。 (2) 終わりの挨拶をする。	・タブレットで活動中の写真を撮っておき，それをみながら振り返ることで，「できた」という経験を思い返すことができるようにする。 ・お互いのよかったところを出し合うことで，次時の学習にも自信をもって取り組むことができるようにする。

4　学習評価と授業改善

【授業時の評価と授業改善】

	生徒A	生徒B	生徒C
授業時	自分が選んだ「時計を６時に合わせる」というミッションに成功した後，自信をつけた様子で「６時30分でもできるかな」とつぶやいていた。	生徒Aが選んだ「時計を６時に合わせる」というミッションに当たり，自信はないが「お助けカードを使う」と言うのもためらい，動きが止まってしまった。その際に生徒Aが自分から「手伝おうか？」と申し出たことで，「お助けカード」を使って生徒Aと一緒にミッションに取りかかることができた。	ミッションカードを選ぶ際に，教師が意図的に苦手意識のありそうなミッションを指差し，「これはどうですか？」と尋ねると，少し考えてから首を横に振って，自分で違うミッションカードを取ることができた。
授業改善	ミッションに成功したことで自信をつけた様子だったので，次回からは自分でミッションを書き込める白紙のカードを提示し，できることや得意なことを自分から表現できるようにする。	今回生徒Aの手助けを得て自信のないミッションにも取り組めた。次回以降は更に安心して活動できるような環境づくりや言葉かけを行っていく。	自分でミッションカードを選ぶことができるように，教師とのやりとりを徐々に減らしつつ，カードの提示の仕方や内容を改善していく。

【次の単元の教材例】

　本単元では，一人ひとりが得意なことに取り組めるような授業を計画した。次の単元では，三人の生徒がそれぞれの得意なことを生かして一つのものを作り上げる活動を通して達成感を得て，心理的安定や人間関係の形成を更に向上させていきたい。教材としては，以下のようなものが考えられる。

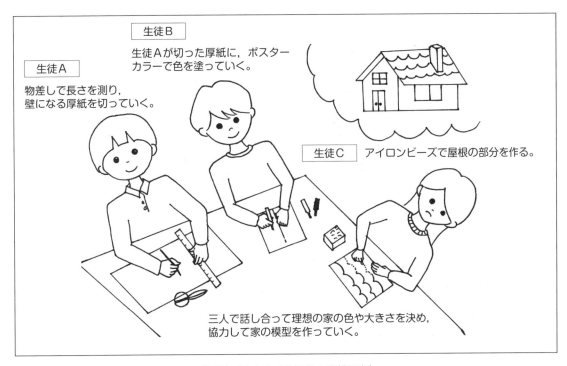

生徒B
生徒Aが切った厚紙に，ポスターカラーで色を塗っていく。

生徒A
物差しで長さを測り，壁になる厚紙を切っていく。

生徒C　アイロンビーズで屋根の部分を作る。

三人で話し合って理想の家の色や大きさを決め，協力して家の模型を作っていく。

単元名「みんなで作ろう！理想の家」

5 ペグアートを楽しもう

1　健康の保持	2　心理的な安定	3　人間関係の形成
4　環境の把握	5　身体の動き	6　コミュニケーション

1　生徒の実態（障害特性）と指導課題（目指す姿）

【グループの生徒の実態】

　このグループは高等部2年生3名で構成されている。3名とも活動に対しては意欲的であり，言葉で簡単な会話をしながら取り組むことができる。教師の指示を聞き，活動のルールもある程度理解することができる。しかし，1名は基本的作業能力について問題はないが，自分が気になる特定の音を聞くと，そわそわしてしまい活動に集中することが難しい。簡単な言葉で友達に自分の気持ちを伝えることもあるが，イライラすると近くに行って威圧的な態度をとったり押したりして友達に対して強い行動に出てしまうことがある（生徒A）。1名は，手指の巧緻性や目と手の協応動作に困難があり，目標にした場所にものを置こうとしてもずれてしまうことや，掴みたいものを正確に取ることが難しいことがあり，細かい作業に関しては苦手意識をもっている（生徒B）。1名は，友達と一緒に活動に取り組もうとする意欲があり，様々な作業に好んで取り組むことができる。しかし，気になるものが目に入ると，集中を持続することが難しく，手元をみずに作業をしたり気になるものを直しに行ったりすることがあり，結果として集中が途切れてしまうことがある（生徒C）。

【数年後の目指す姿】

　高等部の生徒であるので，将来の仕事に必要な作業能力や周囲の環境に合わせて自分の気持ちを調整する力を身に付けさせたい。具体的には，生徒Aについては，自分が不快に感じる音などの苦手な状況を意識し，自ら避けたり気持ちを周囲の人に伝えたりし，自分自身で調整できるようになってほしい。生徒Bについては，手指の巧緻性や目と手の協応動作を高め，簡単な作業等に取り組むことができる力を身に付けてほしい。生徒Cについては，周囲に気になることがあったときに，気持ちを切り替えて活動に集中して取り組むことができるようになってほしい。

【個々の生徒の実態と指導課題】

生徒	実　態	指導課題
生徒A 自閉症	基本的な作業能力について問題はないが，自分が気になる特定の音を聞くと，そわそわして落ち着かなくなる（カチャカチャと玩具などがあたる音，ガサガサする片付けの音など）。簡単な言葉で友達に自分の気持ちを伝えることはできるが，イライラすると近くに行って威圧的な態度をとったり押したりして友達に対して強い行動に出てしまうことがある。友達と活動すること自体に意欲はあり，積極的に活動する。	不快な音を自ら避けるようにしたり適切な方法で教師や友達に自分の気持ちを伝えたりすることができるようにする。 （4 - (2)）
生徒B 知的障害	自分の気持ちを友達に伝えることができ，活動に取り組もうとする意欲はあるが，目と手の協応動作が不十分であるため，目標とする場所にものを刺す（ものを置く，型はめをする等）ことや，掴みたいものを正確に取ることが難しい。そのため活動意欲が低下してしまうことがある。	手元をよく見て目標物を掴んだりつまんだり，手に取ったものを自分の思った場所に置いたり刺したりすることができるようにする。（5 - (3)）
生徒C 自閉症	友達と一緒に活動に取り組もうとする意欲があり，様々な作業に好んで取り組むことができる。しかし，気になることが目に入ると，集中を持続することが難しく，手元をみずに作業をしたり気になるものを直しに行ったりすることがある。	気になることがあったとき，気持ちを切り替えて課題に落ち着いて取り組むことができるようにする。（2 - (1)）

2　学習単元の構成

指導課題をふまえた学習活動の選定

「ペグを使って作品を作る」ということを共通課題にして，生徒Aには「様々な方法で自分の気持ちを調整する」／生徒Bには「手指の巧緻性や目と手の協応動作を高める」／生徒Cには「落ち着いて取り組み，集中する時間を伸ばしていく」ことを課題にする。

主体的・対話的に学ぶための工夫

友達との活動を好み，どのような活動にでも意欲的に取り組むことができるグループなので，「みんなでペグを使って一つの作品を作る」という状況を設定し，そのなかで各自の課題を指導する。

教材・教具の工夫

- ●ペグを探す音（擦れる音）が苦手な生徒がいるので，ペグの量を調整しておき，音に少しずつ慣れることができるようにする。また，イヤーマフや避難場所を用意し，自分自身で調整できるようにする。
- ●必要に応じてペグを指す場所に印を付け，目標の位置に注目できるようにする。机の高さや身体とものの距離など，配置には十分配慮する。
- ●周囲の環境を整備し，落ち着いて活動できるようにする。また，活動の流れや順番を提示することで見通しをもつことができるようにする。

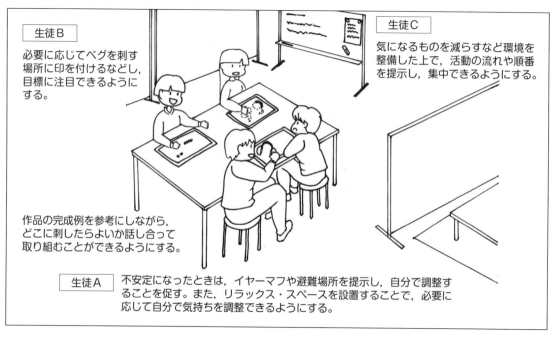

「ペグアートを楽しもう」の授業イメージ

【単元計画】（全7時間）

第一次　アートの計画をしよう（2時間）

第二次　ペグアートを楽しもう（4時間：本時は第1時）

第三次　ペグアート発表会をしよう（1時間）

3　自立活動の授業の展開

（1）本時の目標

• 自分の苦手な音や状況を意識して，自ら避ける行動をとったり周囲に言葉で伝えたりして調

整することができる（生徒A）。

• 手元や目標物をみて，ペグを目標の位置に刺すことができる（生徒B）。

• 気になることがあったとき，気持ちを切り替えて課題に取り組むことができる（生徒C）。

（2）本時の展開

⇒評価規準（対象生徒：評価方法）

時間	学習内容・活動	支援上の留意点
5分	**1　本時の学習内容を知る。** (1) はじめの挨拶をする。 (2) 本時の学習内容を知る。	• 姿勢を整え，挨拶をすることで，学習のはじまりを意識できるようにする。 • 作品の完成例や使用する道具を提示し，活動に対して見通しをもつことができるようにする。
10分	**2　作るものやルールについて確認する。** (1) 何を作るか確認する。 (2) ルールや順番を知る。	• 第一次で考えた内容をもとに，作品の完成例を写真で提示することで，イメージをもつことができるようにする。 • ペグを刺すボードは作品により変更する（ボード例　穴数：縦50×横50，縦50×横70，など）。 • ルールや順番は，みんなで話し合って決めたことを提示し，一つずつロールプレイをしながら確認することで，意識して取り組むことができるようにする。 • 自分の気持ちや伝え方の例文等を提示することで，相手に自分の思いを適切に伝えることができるようにする。
30分	**3　ペグアートを作る。**	• 頭の大きさの違うペグを用意することで，つまみやすくするとともに，作品によって大きさを選択できるようにする。 • 刺す場所がわからない場合は，友達と話し合う機会を設けることで，協力して作品を作ることができるようにする。 • 生徒Aには，イヤーマフを用意したり避難場所を設定したりすることで，自分自身で不快な音に対して調整できるようにする。 ⇒自分の苦手な音や状況に対して，自ら避ける行動を取ったり周囲に言葉で伝えたりして調整することができたか。（生徒A：観察） • 生徒Bには，ペグを刺す場所に印を付けたり言葉かけや指さしをしたりすることで，目標の位置に注目できるようにする。また，机の高さや身体とものの距離は本人の様子をみて取り組みやすいように調整することで，意欲を継続で

		きるようにする。
		⇒生徒Bには，ペグを指す場所に印を付けたり言葉かけや指さしをしたりすることで，目標の位置に注目できるようにする。（生徒B：観察）
		・生徒Cが，周囲を気にしている場合は，活動の流れを提示してやるべきことを確認したり次にペグを刺す位置を教師と相談したりして活動を促すことで再度活動に取り組むことができるようにする。また，周囲にパーティションを設置し不要な情報を遮断することで，集中できるようにする。
		⇒気になることがあったとき，気持ちを切り替えて課題に取り組むことができたか。（生徒C：観察）
5分	4　本時のまとめをする。 (1) 本時の振り返りをする。 　・作品をみながら自分の頑張った点や友達のよかった点について発表する。 (2) 終わりの挨拶をする。	・タブレット端末で撮影した活動の様子を振り返ることで，自分の取り組みや友達のよかった点について気付くことができるようにする。 ・発表の際には，例文を用意することで，例文に当てはめて自分の気持ちを整理して表現できるようにする。

4　学習評価と授業改善

【授業時の評価と授業改善】

	生徒A	生徒B	生徒C
授業時	音が気になるとき「静かに」と簡単な言葉で周囲に伝えることはできたが，イヤーマフなどを選択し，自ら音を避ける行動をとることは難しかった。	ペグを刺す場所に印を付けたり指さしたりすることで，目標の位置に注目できていたが，頭が小さいペグは扱いにくい様子がみられた。	気になることがあったとき，教師が支援することで気持ちを切り替えることができた。しかし，十分な活動の見通しがもてず，途中で集中が途切れてしまうことがあった。
授業改善	イヤーマフやイヤホンなどの使い方や使用感（よさ）を確認する時間を設け，口	目標の位置に注目して刺すことができたという達成感を味わうことができるように，頭の大き	全体で取り組む作品から，個人で取り組む内容に変更する。目標の個数や達成目標を明確にすること

ールプレイをしながら場面に応じた適切な対応を考えるようにする。	いペグを使用したり扱いやすい形状の材料に変更したりする。	で，見通しをもち，集中して取り組むことができるようにする。

【次の単元の教材例】

「ペグアートを楽しもう」の単元が終了したあと，生徒3名の自立活動の課題は継続し，別の教材で学習するようにする。次の単元の教材としては，以下のようなものが考えられる。

生徒B　よく見て目標の場所に置く。

生徒C
目標の分が終わるまで，集中して取り組む。

生徒A
嫌な音を避けられるよう自分で調整する。

次の単元では，枠の中に均一の大きさのタイルを並べてコースターを作る。

⇨ アートカフェでは，ペグアート作品を周囲に展示し，作成したコースターを使用する。他学部の児童生徒や教員を招待する活動を行う。

単元名「アートカフェに招待しよう」

第1　目　標

　個々の児童又は生徒が自立を目指し，障害による学習上又は生活上の困難を主体的に改善・克服するために必要な知識，技能，態度及び習慣を養い，もって心身の調和的発達の基盤を培う。

第2　内　容

1　健康の保持

　(1)　生活のリズムや生活習慣の形成に関すること。

　(2)　病気の状態の理解と生活管理に関すること。

　(3)　身体各部の状態の理解と養護に関すること。

　(4)　障害の特性の理解と生活環境の調整に関すること。

　(5)　健康状態の維持・改善に関すること。

2　心理的な安定

　(1)　情緒の安定に関すること。

　(2)　状況の理解と変化への対応に関すること。

　(3)　障害による学習上又は生活上の困難を改善・克服する意欲に関すること。

3　人間関係の形成

　(1)　他者とのかかわりの基礎に関すること。

　(2)　他者の意図や感情の理解に関すること。

　(3)　自己の理解と行動の調整に関すること。

　(4)　集団への参加の基礎に関すること。

4　環境の把握

　(1)　保有する感覚の活用に関すること。

　(2)　感覚や認知の特性についての理解と対応に関すること。

　(3)　感覚の補助及び代行手段の活用に関すること。

　(4)　感覚を総合的に活用した周囲の状況についての把握と状況に応じた行動に関すること。

　(5)　認知や行動の手掛かりとなる概念の形成に関すること。

5　身体の動き

　(1)　姿勢と運動・動作の基本的技能に関すること。

　(2)　姿勢保持と運動・動作の補助的手段の活用に関すること。

　(3)　日常生活に必要な基本動作に関すること。

　(4)　身体の移動能力に関すること。

　(5)　作業に必要な動作と円滑な遂行に関すること。

6　コミュニケーション

　(1)　コミュニケーションの基礎的能力に関すること。

　(2)　言語の受容と表出に関すること。

　(3)　言語の形成と活用に関すること。

　(4)　コミュニケーション手段の選択と活用に関すること。

　(5)　状況に応じたコミュニケーションに関すること。

第3　個別の指導計画の作成と内容の取扱い

1　自立活動の指導に当たっては，個々の児童又は生徒の障害の状態や特性及び心身の発達の段階等の的確な把握に基づき，指導すべき課題を明確にすることによって，指導目標及び指導内容を設定し，個別の指導計画を作成するものとする。その際，第2に示す内容の中からそれぞれに必要とする項目を選定し，それらを相互に関連付け，具体的に指導内容を設定するものとする。

2　個別の指導計画の作成に当たっては，次の事項に配慮するものとする。

(1)　個々の児童又は生徒について，障害の状態，発達や経験の程度，興味・関心，生活や学習環境などの実態を的確に把握すること。

(2)　児童又は生徒の実態把握に基づいて得られた指導すべき課題相互の関連を検討すること。その際，これまでの学習状況や将来の可能性を見通しながら，長期的及び短期的な観点から指導目標を設定し，それらを達成するために必要な指導内容を段階的に取り上げること。

(3)　具体的な指導内容を設定する際には，以下の点を考慮すること。

ア　児童又は生徒が，興味をもって主体的に取り組み，成就感を味わうとともに自己を肯定的に捉えることができるような指導内容を取り上げること。

イ　児童又は生徒が，障害による学習上又は生活上の困難を改善・克服しようとする意欲を高めることができるような指導内容を重点的に取り上げること。

ウ　個々の児童又は生徒が，発達の遅れている側面を補うために，発達の進んでいる側面を更に伸ばすような指導内容を取り上げること。

エ　個々の児童又は生徒が，活動しやすいように自ら環境を整えたり，必要に応じて周囲の人に支援を求めたりすることができるような指導内容を計画的に取り上げること。

オ　個々の児童又は生徒に対し，自己選択・自己決定する機会を設けることによって，思考・判断・表現する力を高めることができるような指導内容を取り上げること。

カ　個々の児童又は生徒が，自立活動における学習の意味を将来の自立や社会参加に必要な資質・能力との関係において理解し，取り組めるような指導内容を取り上げること。

(4)　児童又は生徒の学習状況や結果を適切に評価し，個別の指導計画や具体的な指導の改善に生かすよう努めること。

(5)　各教科，道徳科，外国語活動，総合的な学習の時間及び特別活動の指導と密接な関連を保つようにし，計画的，組織的に指導が行われるようにするものとする。

3　個々の児童又は生徒の実態に応じた具体的な指導方法を創意工夫し，意欲的な活動を促すようにするものとする。

4　重複障害者のうち自立活動を主として指導を行うものについては，全人的な発達を促すために必要な基本的な指導内容を，個々の児童又は生徒の実態に応じて設定し，系統的な指導が展開できるようにするものとする。その際，個々の児童又は生徒の人間として調和のとれた育成を目指すように努めるものとする。

5　自立活動の指導は，専門的な知識や技能を有する教師を中心として，全教師の協力の下に効果的に行われるようにするものとする。

6　児童又は生徒の障害の状態等により，必要に応じて，専門の医師及びその他の専門家の指導・助言を求めるなどして，適切な指導ができるようにするものとする。

7　自立活動の指導の成果が進学先等でも生かされるように，個別の教育支援計画等を活用して関係機関等との連携を図るものとする。

【執筆者紹介】

新井　英靖（茨城大学教育学部）　第1章・第2章・第3章1〜14・第4章1

石田　　修（茨城大学教育学部）　第3章15〜18

永盛　好貴（茨城大学教育学部附属特別支援学校）　第4章2

瀬谷　裕輔（茨城大学教育学部附属特別支援学校）　第4章3

橘　乃布衣（茨城大学教育学部附属特別支援学校）　第4章4

小野　貴史（茨城大学教育学部附属特別支援学校）　第4章5

〔本文イラスト〕

高橋　美月（茨城大学教育学部学校教育教員養成課程特別支援教育コース）

鬼澤　佳花（茨城大学特別支援教育特別専攻科）

大泉　朋生（茨城大学特別支援教育特別専攻科）

【編著者紹介】

新井　英靖（あらい　ひでやす）

茨城大学教育学部教授

東京学芸大学大学院教育学研究科修士課程を修了後，東京都立久留米養護学校教諭を経て，2000年より茨城大学教育学部講師となる。2011年に博士（教育学）の学位を取得し，現在，同学部教授。

主な著書に，『特別支援学校　学習指導要領　目標−指導−評価を一体化する「国語」「算数・数学」の学習評価』『特別支援学校　新学習指導要領　「国語」「算数・数学」の学習指導案づくり・授業づくり』（いずれも明治図書）などがある。

【著者紹介】

茨城大学教育学部附属特別支援学校

（いばらきだいがくきょういくがくぶふぞくとくべつしえんがっこう）

特別支援教育サポートBOOKS

発達障害・知的障害「自立活動」の授業づくり

指導課題・教材開発・指導案づくり

2022年5月初版第1刷刊	©編著者 新　井　英　靖
2023年7月初版第3刷刊	著　者 茨城大学教育学部附属特別支援学校
	発行者 藤　原　光　政
	発行所 明治図書出版株式会社

http://www.meijitosho.co.jp

（企画）佐藤智恵（校正）nojico

〒114-0023　東京都北区滝野川7-46-1

振替00160-5-151318　電話03(5907)6703

ご注文窓口　電話03(5907)6668

＊検印省略　　　組版所 株式会社木元省美堂

Printed in Japan　　　　ISBN978-4-18-262822-1

もれなくクーポンがもらえる！読者アンケートはこちらから